Antje Paradies

Logbuch eines Dackels

Der charmanteste und bunteste Roadtrip ever

Dieses Buch ist bei der Deutschen Nationalbibliothek registriert. Die bibliografischen Daten können online angesehen werden:
http://dnb.d-nb.de

IMPRESSUM

© 2022 Klaus Kellner Verlag, Bremen
Inhaber: Manuel Dotzauer e.K.

St.-Pauli-Deich 3 • 28199 Bremen
Tel. 04 21 77 8 66
info@kellnerverlag.de
www.kellnerverlag.de

Lektorat und Layout: Katharina Hopp
Umschlag: Jennifer Chowanietz
Gesamtherstellung: Der DruckKellner, Bremen

ISBN 978-3-95651-335-0

Inhaltsverzeichnis

1. Abfahrt	6
2. Im Tulpenmeer	12
3. Portrait in Amsterdam	19
4. Loyalität	23
5. Entrückungen	27
6. Campen direkt am Meer	31
7. Reisejunkie	38
8. Der Frühling in Paris	42
9. Verdrängungen	48
10. Brucken	53
11. Love reign over me	57
12. Delfinflüsterer	60
13. Am Strand von Ibiza	63
14. Wundertüte Hippiemarkt	68
15. Clubbing Garten Eden	71
16. Meeresfrüchte	76
17. Rezept gegen Geister und Dämonen	80
18. Lucy in the Sky with Diamonds	82
19. Anime	84
20. Poseidons Briefkasten	90
21. Blaues vom Himmel	93
22. Hollywood	96
23. Die Psytranceparty	99
24. Marrakesch	102
25. Unendliche Geschichten	106
26. Immigrant Song	109
27. Stille Wasser sind tief	112
28. Norwegisches Date	115
29. Riders on the Storm	118
30. Marokkanischer Minztee	121

31. Der Wikinger	123
32. Schwedische Gardinen	127
33. Frühschwimmen in Stockholm	130
34. Skandinavisches Design	132
35. Therapie	135
36. Phönix aus der Asche	138
37. Märcheninsel	141
38. Die fliegende Seemannskiste	143
39. Glück	150
40. Ferngespräche	153
41. Maritimes	161
42. Münchener Freiheit	167
43. Sisi	172
44. Im Hochgebirge	176
45. Der Geschmack Italiens	181
46. White Rabbit	185
47. Abstraktes Denken	189
48. Vampire	194
49. Ein Wohlgeruch	199
50. Göttliche Kunst	201
51. Quantensprünge	205
52. Schräglagen	208
53. Souflierter Trost	211
54. Kolosseum bei Nacht	213
55. Traumata	217
56. Schiffbruch	221
57. Frieden finden	225
58. Soultrain nach Hause	228
Epilog	234

1. Abfahrt

Jemand ergriff mich ungestüm und lief mit mir auf dem Arm hinaus in die kalte Nacht.

»Bitte fahr nicht allein. Nimm wenigstens Rafael mit!« Stumme ernste Blicke wurden ausgetauscht. Bevor ich die Situation begriff, fand ich mich auf dem Beifahrersitz im alten VW-Bus wieder. Der Motor heulte auf, und schon ging es los.

Straßenlichter zogen in zunehmender Geschwindigkeit an uns vorbei. Es dauerte nicht lange, da neigte sich die Tachonadel in einen waghalsigen Bereich, bis sie in ihrer Bewegung stagnierte und vor Anstrengung zu zittern begann. Der Bulli selbst dröhnte markerschütternd und erweckte den Anschein, er könnte jeden Moment auseinanderfliegen, doch die Fahrerin gab weiterhin Vollgas. Nervös musterte ich sie von der Seite. Sie schien alles fest im Griff zu haben, abgesehen von den Tränen, die unkontrolliert über ihre Wange rollten.

Warum die junge Frau innerlich so aufgelöst war, wusste ich nicht. Überhaupt kannte ich sie kaum. Als ich noch klein war und die Familie mich zu sich nahm, packte sie bereits ihren Koffer für Marokko und verschwand damit jahrelang von der Bildfläche. Ich wusste nicht mal ihren

Vornamen, weil jeder sie bloß »Tante« rief. Und nun saß Tante neben mir im VW-Bus und trat auf das Gaspedal, als gäbe es keinen Morgen.

Bis heute verlief mein Leben als Dackel in absolut ruhigen Bahnen. Mein Herrchen ist Rentner und lebt mit seiner Frau auf einem Resthof direkt an der friesischen Küste in der Nähe von Wilhelmshaven. Zur Zeit meiner Adoption hatte die ältere Tochter schon eine eigene Familie gegründet – nur die jüngere wohnte noch mit im Elternhaus, aber sie war wie erwähnt flügge und organisierte ihren Flug nach Marokko. Nachdem auch sie ausgezogen war, erkannten meine Zieheltern in mir ihr letztes Nestküken und verwöhnten mich nach Strich und Faden.

Auch während meiner Berufsausbildung hatte ich nichts auszustehen. Jagdhund zu werden war mein sehnlichster Wunsch, und so durchlief ich meine Lehrzeit ohne Probleme. Nach bestandener Abschlussprüfung durfte ich Herrchen endlich in sein Jagdrevier begleiten. Vor mir eröffnete sich der Himmel auf Erden, allerdings erkannte ich bald, dass dieser erhebliche Grenzen aufwies. Zwar hatte ich bei meiner Ausbildung klassisches Nachlesen und das Apportieren von Kleinwild gelernt, aber in meinem Berufsalltag kamen solche Aufgaben kaum zum Tragen. Herrchen zielte es in erster Linie auf die Renaturierung seines Jagdgebietes ab, das früher eine Moorlandschaft gewesen war, somit bestand meine Hauptaufgabe lediglich darin, Herrchen bei seiner Arbeit Gesellschaft zu leisten. Ich war ziemlich frustriert deswegen, doch schließlich arrangierte ich mich mit meinem geringen Arbeitspensum. Ich lag viel in der Sonne, sozusagen mein gesamtes Berufsleben, obwohl das genau genommen nicht ganz der Wahrheit entspricht, denn wegen meines schwarzen glatten Fells streckte und reckte ich mich vorzugsweise im Schatten.

Ich mag mein ruhiges Hundeleben, ganz bestimmt sogar, doch jeden Abend auf dem Sofa führt mir die Glotze schonungslos vor Augen, dass ich noch nie etwas Aufregendes erlebt habe. Dann ergreift mich stets eine Welle aus Wehmut, aber bevor sie mich herunterziehen kann, gleite ich in einen seligen Schlaf.

Die Abenteurerin in unserer Familie ist unweigerlich die jüngere Tochter meines Herrchens. Besagte Tante aus Marokko! In all den Jahren, die Tante ausgewandert war, hatte sie es hin und wieder auf die Reihe gekriegt, ihre Eltern in Friesland zu besuchen. Mir kam das immer so vor, als wäre ein Paradiesvogel an unserer Küste gelandet. Die Frau kombinierte Grungeklamotten mit bunt schillernden Abendkleidern aus den 60er-Jahren, und seit sie in Marokko lebte, dekorierte sie sich zusätzlich mit orientalischen Schmuck. Ich für meinen Teil fand ihren Look erfrischend, aber von Frieslands Warte aus betrachtet, musste sie von einem fernen Planeten stammen.

Und nicht nur optisch fiel Tante aus dem Rahmen. Im Vergleich zu den Menschen ihrer Heimat wirkte sie auch mental wie eine norddeutsche Anomalie. Sie war impulsiv, lachte oft und versprühte unaufhörlich Heiterkeit. Graue verregnete Tage gab es für sie einfach nicht. Selbst das schlimmste Sturmtief konnte sie nicht davon abhalten, Leuten freudestrahlend entgegenzugehen, und kein einziger dichter Seenebel vermochte ihre positive Sichtweise einzutrüben. Sie war noch jung, keine Frage, doch größtenteils entsprang diese überbordende Weltoffenheit tatsächlich ihrer Persönlichkeit.

Dementsprechend kam bei Tantes Besuchen richtig Leben in unsere Bude – besonders akustisch. Die Frau hörte ausschließlich Hippiesongs, aber nach ihrem ersten Jahr in Marokko brachte sie diesen wummernden Psytrance mit! Als sie den Sound oben in ihrem ehemaligen Kinderzimmer das erste Mal auf volle Lautstärke drehte, rannte Herrchen prompt durch das Haus und rief panisch, dass die Waschmaschine kaputt sei und der Schleudergang sofort ausgeschaltet werden müsse. Unbeirrt dessen stampfte Tante die »beats per minute« einfach weiter, bis unten in der Diele der Putz von der Decke rieselte und Herrchen mittlerweile vollkommen kopflos den Strom abstellte.

Mit den Jahren beobachtete ich zig Marotten, die Tante aus dem Ausland mitbrachte. Eine davon wurde von Herrchen jedoch unerbittlich aus dem Haus verbannt. Tante rauchte Wasserpfeife! Eigentlich ist das Teil ein Mitbringsel für ihre Eltern gewesen, aber nachdem die Auswanderin feststellen musste, dass das gute Stück auf einem Bauernschrank verstaubte, nahm sie sich selbst der Shisha an. So konnten wir gelegentlich vom Garten aus Tante in einem wallenden Abendkleid auf der Deichkrone sitzen sehen, umringt von Tabakwolken und neugierigen Schafen.

Trotz jener Andersartigkeit liebte die Familie ihre seltene Gästin. Die Kinder ihrer Schwester konnten die Besuche ihrer Tante sogar kaum abwarten, eben weil sie so ein lustiger Vogel war. Und flog sie wieder zurück nach Afrika, wurde sie von allen schmerzlich vermisst.

Nur meine Wenigkeit hatte keine Verbindung zu Tante. Sie führte ein hippes und bewegtes Leben, wohingegen ich mir wie ein totales Landei vorkam, das sich in keiner Weise entfalten konnte, nicht einmal beruflich. Schon ihre bloße Anwesenheit versetzte meinem Herzen kleine Stiche, weshalb ich es ihr gegenüber hart machte oder der Frau ganz aus dem Weg ging. Die Weltenbummlerin musste das irgendwie gespürt haben, denn bei ihrem nächsten Besuch hatte sie einen getrockneten Seestern für mich nach Deutschland geschmuggelt. Ewig habe ich auf dem leckeren Teil herumgekaut. Später verbuddelte ich den aufgeweichten Stern klammheimlich im Kartoffelacker, damit er sein fischiges Aroma delikat weiterentwickeln konnte. Das Ergebnis nach ein paar Tagen war geradezu umwerfend! Seitdem freute auch ich mich auf Tantes Stippvisiten in Friesland und bändelte ein wenig mit ihr an.

Nach ihrem letzten Besuch blieb Tante für eine ungewöhnlich lange Zeit ihrer Heimat in Norddeutschland fern, und als sie endlich wieder zu uns nach Hause kam, teilte sie uns mit, dass es für immer sei. Noch überraschender jedoch war ihre Verfassung. Tante sah abgemagert aus und wirkte extrem in sich gekehrt. Von ihrer gewohnten Lebensfreude versprühte sie keinen einzigen Funken mehr. Es schien fast so, als wäre sie ein vollkommen anderer Mensch geworden. Herrchen und seine Frau begriffen sofort, dass es ihrer Tochter psychisch schlecht ging, aber alle Versuche, sie zum Reden zu bringen, scheiterten und endeten nicht selten damit, dass sich die Heimgekommene in ihrem Zimmer verschanzte. Somit wusste niemand, was in Marokko vorgefallen war, noch wie man Tante aus ihrer Lage heraushelfen konnte. Es war eine verstörende Situation.

Jetzt in diesem Augenblick erschien mir die Frau befremdlicher denn je. Sie hielt sich krampfhaft am Lenkrad fest, starrte verbissen geradeaus und raste durch die Dunkelheit. Ich registrierte etliche Autobahnschilder, aber sie schien kein einziges davon wahrzunehmen. Stundenlang ging das so. Ich verhielt mich mucksmäuschenstill.

Irgendwann fuhr sie rechts ran, stellte den Motor ab und fing hemmungslos an zu weinen. Die Tränen platschten nur so auf ihre Jeans. Ich wusste nicht, was ich tun sollte, also folgte ich meinem Instinkt, kletterte auf ihren Schoß rüber und hielt ihr gentlemanlike meine Schlappohren hin, die sie sogleich in ihren Händen aufgewühlt zerknetete.

»Ach Raffi …«, schluchzte sie.

Da sah man endlich mal wieder ihr Lächeln! Hatte ganz vergessen, wie niedlich das war. Entzückt wedelte ich mit dem Schwanz und überlegte, ob Tante sich nun einigermaßen beruhigt hatte und wir wieder zurück nach Hause fahren würden, stattdessen warf sie den Motor schwungvoll an und fuhr weiter in dieselbe Richtung. Erst am Vormittag hielten wir erneut. Die Fahrerin parkte vor einem Laden für Tierbedarf und kaufte ein Hundekörbchen, Spielzeug, eine Flexi-Leine und mehrere Paletten Futter. Sie lud alles hinten in den Bulli und sagte: »Nun denn. Willkommen an Bord!«

Unsere Fahrt sollte wohl noch etwas länger dauern. Und als ich mir den anderen Kram im Laderaum anschaute, erkannte ich, dass Tante zu einer Reise aufgebrochen war!

2. Im Tulpenmeer

Ich war total geflasht. Von meiner ungeplanten Reise, vom Autobahnkrach und von Tante. Und die Frau flanierte mit mir über einen holländischen Wochenmarkt. Es war fast Mittag und die Leute tummelten sich lebhaft an den Verkaufsständen. Mein Interesse wurde von dem massenhaft dargebotenen Käse geweckt. Fast überall konnte man davon kleine Würfel der verschiedenen Sorten probieren. Tante griff an jedem Stand beherzt zu und ließ die schmackhaften Testversionen dann und wann auf den Boden fallen. Gebannt heftete ich mich an ihre Fersen, bis die Frau frisches Brot, eine Tüte ungepulten Granat und so anderes Zeugs eingekauft hatte, obendrein ein Schaffell für meinen neuen Hundekorb.

Gleich danach fuhren wir raus aufs Land und machten ein sonniges Picknick in einem Gebiet, welches augenscheinlich dem Tulpenanbau diente. Die Felder reichten bis zum Horizont und überzogen die Landschaft mit leuchtenden Blockstreifen. Und mitten in dieser hübschen Einsamkeit stand unser lindgrüner VW-Bus mit luftig aufgezogener Schiebetür. Herrlich!

Nach Tantes endgültiger Rückkehr aus Afrika war sie notgedrungen in das Kinderzimmer bei ihren Eltern eingezogen. Für eine Frau im Alter von Mitte zwanzig, die noch dazu ein unabhängiges Leben im Ausland geführt hatte, musste das deprimierend sein, doch als ihr ein Nachbar völlig unverhofft seinen Bulli zum Kauf anbot, zögerte Tante nicht lange und schnappte sich den alten Kahn. Mit seinem Baujahr 1979 galt er zwar längst als Oldtimer, aber weil er die meiste Zeit seines Daseins in einer Scheune gefristet hatte, war er gut im Schuss. Binnen weniger Tage wurde der VW-Bus Tantes eigenes kleines Reich.

Sie baute die hinteren Sitzbänke raus und warf eine Schlafmatratze rein, gefolgt von zitronengelben Bettzeug und einem Haufen Kissen. Ans Fußende der Matratze stellte sie eine antike Seemannskiste, auf der sie Stumpenkerzen in unterschiedlichen Farben platzierte. Die Fenster im Laderaum hatten beigefarbene Samtvorhänge, doch Tante peppte sie auf, indem sie alle mit silbrigen Quasten raffte. Zum Schluss hing sie noch eine Discokugel unters Dach, dessen Lichtreflexionen dem VW-Bus von innen eine psychedelische Tapete verpassten. Für meinen Geschmack ist das Interieur ein wenig zu hippiemäßig geworden, aber heute sahen die Millionen von Tulpen um uns herum aus wie ein passender Flokati und das beeindruckte mich dann doch.

Mit Krabbenfleisch verschmierten Händen holte Tante eine Sektflasche hervor und ließ den Korken fliegen, den sie in dem Meer aus Knallfarben unabsichtlich versenkte. Reflexartig rannte ich los und fand das Teil dank meiner feinen Nase binnen weniger Sekunden. Als ich mit dem Korken zwischen meinen Zähnen aufschaute, um Tante meinen Fund voller Stolz zu präsentieren, stellte ich fest, dass ich in einem Dickicht aus Papageientulpen untergegangen war. Über mir wogen sich ausgefranste und gerüschte Blütenblätter in den grellsten Farben im Wind. Zuerst war mir das voll peinlich, aber dann ging mir auf, dass ich das allererste Mal in meinem Leben aus dem eintönigen Friesland rausgekommen war und unbekanntes Terrain betreten hatte. Ich bin noch nie woanders gewesen, geschweige denn im Ausland! Endlich würde ich etwas von der Welt sehen und vielleicht sogar das ein oder andere Abenteuer erleben!

Mein Herz erhob sich regelrecht vor Freude, bis ich leichtfüßig wie ein junges Reh über das Feld zu springen begann. Dabei tauchte mein Kopf immer nur für einen Moment aus dem Tulpenmeer heraus, was für Tante recht bekloppt ausgesehen haben muss, zudem ich noch immer den Korken im Maul hatte und ein superbreites Grinsen. Im Geiste verbuchte ich dieses Bild als meinen ersten Reiseschnappschuss.

Zurück an Bord bedankte Tante sich für den Sektkorken fast überschäumend vor guter Laune. Sie prostete mir zu und trank etwas Blubberwasser direkt aus der Flasche. Solch eine Ausgelassenheit hatte ich schon ewig nicht mehr bei der Frau erlebt. Selbst die Dramatik der letzten Nacht schien sie vergessen zu haben. Vermutlich feierte sie ihren Reiseauftakt und ließ alles hinter sich, wenn auch nur für einen Moment.

Später chillten Tante und ich gemeinsam auf der Matratze. In Gedanken trieb ich weit über den Horizont der Tulpenfelder hinaus, fantasierte ferne Inseln und Häfen bis in das Land meiner Träume hinein. Mir dämmerte, dass diese Reise mit Tante in dem VW-Bus recht bunt werden könnte, weshalb ich es bedauerte, dass ich keine echten Fotos würde machen können. Dann aber kam mir die Idee, eine Art Logbuch zu führen, um meine dackeligen Reisememoiren wenigstens verbal zu konservieren. Bildhaft und blumig und mit viel Farbe – passend zu einem Trip mit Hippie, jedoch ohne die akribische Datenerhebung, für das ein Logbuch eigentlich gedacht ist.

Dass wir Dackel überhaupt lesen und schreiben und Farben sehen können, obliegt Jahrhunderten von Züchtung – dem Wunsch der Menschen, unsere Beine extrem kurz zu gestalten, dazu kräftige Pfoten und einen lang gezogenen drahtigen Körper. Alles in allem geeignet für das Eindringen in enge Dachsbauten und Fuchshöhlen. Dafür sind wir ursprünglich geschaffen worden und mussten uns stets unserem Schicksal fügen. Eines Tages rächte sich das. Noch bevor die Züchtung unserer Rasse im Groben abgeschlossen war, kam es unbemerkt zu Mutationen in unseren Gehirnen. Unter den Schlappohren braute sich mächtig was zusammen, bis unser Denkvermögen dem des Homo sapiens ähnlich geworden war, und wir wachten auf!

Wir hüteten uns jedoch davor, Menschen Hinweise auf jene zerebrale Ebenbürtigkeit zu vermitteln. Sie hätten uns mit Sicherheit als Hexenwerk interpretiert und jeden lebenden Dackel auf diesem Planeten ausgerottet. Also ließen wir unser wahres Bewusstsein höchstens als eine charakterliche Eigenwilligkeit unserer Rasse hervorblitzen, wobei die dämlichen Zweibeiner nie Lunte gerochen haben.

Von Generation zu Generation wurden wir schlitzohriger. Im Schutze der Nacht verließen wir unsere Hundehütten und Weidenkörbchen, um uns mit anderen Dackeln der Gegend zu treffen und auszutauschen. Dabei lernten wir nicht nur verbal miteinander zu kommunizieren, sondern wurden des Lesens fähig. Falls uns ein Mensch mit einer Zeitung im Maul erwischte, tarnten wir uns mit Blödheit und zerfledderten das Papier.

Das mit dem Schreiben gestaltete sich um einiges komplizierter. Einen Stift zu halten ist uns aufgrund unserer Anatomie nie gelungen, Tasten zu drücken dagegen schon, weil aber nur wenige von uns Zugang zu einer Schreibmaschine hatten, fand diese Kommunikationsform bei uns kaum Beachtung.

Ein amerikanischer Dackel wendete dieses Blatt. Er schaffte es tatsächlich, einen ganzen Roman zu tippen und unter einem Pseudonym zu veröffentlichen. Inhaltlich ging es in der Geschichte um einen Collie namens »Lassie«. Als Hund war Lassie außergewöhnlich schlau, aufopfernd und liebenswürdig, vor allem aber lebte er mit seinem Herrchen auf einer Augenhöhe. Seither betrachteten Menschen ihre Vierbeiner vermehrt als freundschaftliche Gesellschafter, und die reine Nutztierhaltung von Hunden verblasste.

Dieser sensationelle Erfolg trug damals dazu bei, dass der »Geheimbund der Dackel« gegründet wurde und unsere Mission ihren Anfang nahm. Wir wollten erreichen, dass die Menschheit uns eine Wertschätzung entgegenbringt, welche es uns erlauben würde, uns gefahrlos zu outen.

Den Durchbruch unserer Vision lieferte die Erfindung des Internets. Wir schrieben uns E-Mails, vernetzten uns global und mit voranschreitender Technik skypten wir sogar. Auf diese Weise haben wir Dackel uns enorm weiterentwickelt, bis wir an dem Punkt angekommen waren, die Welt der Menschen systematisch infiltrieren zu können. Seither arbeiten die meisten von uns als Ghostwriter, posten, twittern und kommentieren in den sozialen Netzwerken oder texten auf eigenen Webseiten jedweden Inhalt, der unserer Mission dienlich sein könnte. Vom Artikel über mitleiderregende Straßenhunde bis hin zur witzigen Kolumne in Sachen Hundehaltung ist alles vertreten. Millionen von Menschen haben, ohne es zu wissen, Texte von uns Dackeln gelesen, mit uns gechattet oder uns geliked und im besten Fall ein Samenkorn unserer Botschaft in sich aufgenommen.

Ich persönlich habe zu der Arbeit des Geheimbundes noch keine einzige Zeile beigetragen, abgesehen davon, dass ich meinem Kumpel Spike mein süßestes Welpenfoto für seinen Hundeblog zur Verfügung gestellt habe. Selbst in irgendeiner Form als Schriftsteller zu arbeiten, habe ich mir nie zugetraut. In meiner Freizeit beschäftige ich mich ohnehin lieber mit verfilmter Literatur. Und läuft die Glotze mal nicht, schmökere ich in den Einrichtungszeitschriften, die bei mir zu Hause stapelweise rumliegen. Ich habe ein totales Faible für Innenarchitektur und stehe darauf, wenn auch nur in Gedanken, weiträumige Hundehütten einzurichten. Flache Texte zu schreiben käme mir als Letztes in den Sinn.

Wohin die Reise mit meinem Logbuch geht, weiß ich nicht. Ob sich am Ende eine brauchbare Message für den Geheimbund der Dackel findet, die es unbedingt zu veröffentlichen gilt, noch weniger. Ellenlang recherchierte Texte über unsere Reiseziele werden in meinem Logbuch erst recht kein Land gewinnen, denn auf Tantes Laptop kann ich zwar ganz manierlich tippen, aber Internetzugang hat die Frau nur auf ihrem Smartphone, dessen winziger Touchscreen die reinste Zumutung ist. Und für rührselige Dichtereien, die vor Emotionalität nur so triefen, bin ich wohl schlichtweg und ergreifend zu norddeutsch. Entgegen all dieser literarischen Macharten habe ich beschlossen, mein Logbuch einfach frei nach Schnauze zu schreiben! Nebenbei könnten mir die Eintragungen dabei helfen, dem seltsamen Verhalten von Tante auf die Spur zu kommen …

3. Portrait in Amsterdam

Gut ausgeruht von ihrer Siesta hampelte Tante im VW-Bus herum. Sie verstaute die Einkäufe vom Wochenmarkt, packte meinen Hundekorb auf den Beifahrersitz und machte alles andere, was herumflog seefest. Und schon waren wir wieder auf großer Fahrt.

Wenig später erreichten wir Amsterdam und fuhren in einen Bereich, der von Grachten nahezu durchpflügt schien. Die meisten Häuser dort waren historisch aus rötlichen Backsteinen gebaut, quetschten sich schmal gepresst an einander, streckten sich drei bis vier Stockwerke hoch hinaus und spitzten sich zu kunstvoll gestalteten Giebeln. Jeder Giebel sah anders aus, entweder eckig oder in geschwungener Form, doch zusammen wirkten sie einträchtig miteinander verspielt. Die schmalen Kanäle mit ihren Fußgängerbrücken verliehen dem Stadtbezirk endgültig das Aussehen eines Venedigs für Puppen. Und ich würde sagen, gefühlt gondelte Tante durch jede mögliche Einbahnstraße, bis wir endlich eine Parkmöglichkeit für unseren Bulli gefunden hatten.

Es war bereits dunkel geworden. Die Straßenlaternen spiegelten sich in dem glatten Wasser der Grachten. Tante ging auf ein hell erleuchtetes Hausboot zu, balancierte über seinen Steg und läutete an der Schiffsglocke. Eine junge Frau namens Enie kam sogleich an Deck. Dem Empfang nach zu urteilen, musste sie Tantes enge Freundin sein. Die wohnte dort auf dem Hausboot mit ihrem Künstlerfreund – irgendso ein Typ mit Samurai-Dutt, Vollbart und einem Designerpullover voller Flecken aus getrockneter Farbe. Als auch er zur Begrüßung an Deck gekommen war, nahm er mich auf seinen stinkigen Arm und taufte mich »kleine Maus«! Mich, einen stattlichen Dackel! Der Kerl hatte sofort bei mir verkackt.

Ganz nebenbei erfuhr ich Tantes Vornamen, der aber nicht so gut zu ihr passte, wie ihr Kosename innerhalb der Familie, weshalb ich beschloss, sie weiterhin Tante zu nennen. Außerdem klang das nach etwas Vertrautem von Zuhause.

Unter Deck gab es Bananenpfannkuchen, vermengt mit einem Schuss Rum, wobei ich mich in weiser Voraussicht unter dem Esstisch positionierte. Tante ließ wie erwartet einen Happen der Süßspeise auf die blanken Schiffsdielen fallen, von dessen Rumgeschmack meine Ohren angenehm heiß und schwer wurden. Ich legte mich neben Tantes Füße ausgestreckt hin und überlegte, ob das Hausboot schwankte.

Nach dem Essen zog sich der pinselschwingende Virtuose zurück, und die beiden Frauen begannen in aller Ruhe zu quatschen. Meistens ging es um Marokko. Tante war dabei recht still, druckste inhaltlich herum und wich den bohrenden Fragen von Enie gekonnt aus. Der wurde schnell klar, dass Tante etwas Schlimmes erlebt haben musste, doch genau wie ihre Eltern zu Hause schaffte auch Enie es nicht, ihr diesen Kummer zu entlocken.

Einmal lenkte Tante das Gespräch auf ihre aktuelle Reise. Ich erfuhr, dass sie in den nächsten Wochen vorhatte, sich mit dem VW-Bus einfach treiben zu lassen und den Anker zu werfen, wo es ihr gerade gefiel. Sie wollte also einen Roadtrip machen! Ich überlegte, ob das wirklich klug war. Ohne konkreten Plan durch die Welt zu tingeln, erschien mir durchaus reizvoll, dachte aber, dass ein Pauschalurlaub in Tantes Zustand bestimmt die bessere Wahl gewesen wäre, womöglich sogar der Besuch bei einer einfühlsamen Psychologin oder einem Psychologen. Enie schaute ebenfalls etwas missmutig drein.

Als die Weiber eine ganze Flasche Rotwein getankt hatten und die Stimmung entsprechend gelassener wurde, sah ich im hinteren Bereich des Wohnraumes den aufgeblasenen Pfau stehen. Er beobachtete Tante von Weitem, studierte sie konzentriert und verschwand. Das wiederholte sich einige Male, bis ich von diesem Theater die Schnauze voll hatte und ihm leise hinterher schlich.

Ich fand ihn in seinem Atelier, dessen Wände und große Teile der Decke überwiegend aus Fensterglas bestanden, was den Bootsraum zu einem spacigen Wintergarten machte, zumal man draußen die Sterne sehen konnte. Der Künstler stand vor einer Holzstaffelei und zeichnete mit schnellen Bewegungen ein Portrait von Tante! Neugierig ging ich ein paar Schritte näher ran.

Die lustigen Korkenzieherlocken hatte unser Rembrandt gut hinbekommen, auch meine absolute Lieblingshaarfarbe Straßenköterblond stimmte mit dem Original einwandfrei überein, sogar den Lippenschwung und die leichte Kartoffelnase erkannte ich wieder, aber ihre sonst so lebhaft blauen Augen hatten null Ausstrahlung. Vielleicht schien der Künstler dies ebenfalls zu bemerkten, denn er setzte sich auf einen knarzenden Moonchair aus Rattan, zündete sich einen Joint an und analysierte sein Werk stillschweigend.

Rauchschwaden wanden sich durch das Atelier. Ich betrachtete Tantes leeren Blick auf der Leinwand und zermarterte mir das Hirn wegen ihrer Wesensveränderung, die offenbar auch ihrer Freundin und Rembrandt nicht entgangen war. Was ist Tante in Marokko bloß passiert? Und wieso wollte sie jetzt auf Teufel komm raus diesen Roadtrip machen?

Diffuser Nebel zog auf, und ich wurde schläfrig. Ich meinte noch gesehen zu haben, wie das Portrait mir zuzwinkerte, bevor sich der Boden unter mir in sanfte Wellen verwandelte …

Tantes Haar wehte im Fahrtwind. Wir fuhren im VW-Bus durch die glühende Sahara. Die Sonne über uns sah aus wie ein Seestern, dessen Arme sich schwerfällig rekelten. Plötzlich flogen monströse Papageientulpen hinter uns her, die ihre scharfzahnigen Mäuler aufrissen und gierig nach uns schnappten! Sie jagten uns ganz grauenvoll! Tante drückte energisch aufs Gaspedal, doch die Wüstenhitze brachte unsere Reifen wie Käse zum Schmelzen, und wir kamen nicht mehr von der Stelle! Tante schrie!! Auf einmal sah ich Herrchen versteckt hinter einer Eiche stehen. Er zielte mit seinem Jagdgewehr hoch in die Luft. Ein Schuss, dann fiel der Seestern krachend vom Himmel. Dunkelheit bedeckte mich.

Als ich wieder aufwachte, war es bereits nach Mitternacht. Fröstelnd geisterte ich durchs Hausboot und fand Tante leise schnarchend auf einem Sofa. Ich sprang zu ihr hoch und kuschelte mich an sie, was ich noch nie zuvor getan hatte.

4. Loyalität

Den Dutt-Träger hatte ich mehr und mehr aufm Kieker! Ich fand es total daneben, dass er mich dem Rauch seines Joints ausgesetzt hatte. Und meiner Meinung nach ist ein Drogenrausch keine Bewusstseinserweiterung, sondern genau genommen eine neuronale Einschränkung. Zugegeben, möglicherweise hatte der Maler meine Anwesenheit in seinem Atelier nicht bemerkt, was wiederum mein Ego negativ zur Kenntnis nahm. Vor lauter Wut schnappte ich mir seine bescheuerten Holzclogs und biss jede Menge Macken rein. Eine Hommage an den Künstler!

Wenigstens wusste der Pinselschwinger ein anständiges Frühstück zu kreieren. Es gab Toast mit dicken Scheiben Gouda drauf, etwas Rührei und zum Schluss für jeden eine Portion Vla. Letzteres ist eine Art süßer Vanillepudding – die niederländische Droge auf kulinarischer Ebene schlechthin! Meine Gesichtszüge verzogen sich schon beim ersten Zungenkontakt zu einem seligen Grinsen, und ich konnte einfach nicht genug von dem Zeug bekommen. Angestrengt leckte ich jedes Atom aus meiner leeren Schüssel und bemerkte dabei nicht, dass ich diese einmal quer durch die Bude und zurück geschoben hatte. Zu meinem Leidwesen wurde dieser kleine Kontrollverlust zur Belustigung aller! Später überlegte ich, ob Rembrandt mich mit voller Absicht zu einer Lachnummer machen wollte.

Wie dem auch gewesen sein mochte, schlussendlich verlor der Künstler mein letztes Quäntchen höflichen Respekts wegen einer Bemerkung, bei der er meinen wundesten Punkt traf! Zunächst fragte er die Frauen, ob sie beide nicht Lust hätten, ins Rijksmuseum zu gehen, was ich nett fand, doch dann sagte er Folgendes: »Allerdings muss die kleine Maus an Bord bleiben. Ich bin mir sicher, dass ein kurzbeiniger Dackel mit sperrig langem Rücken eine Stolperfalle für andere Besucher darstellt und das Museum ihn deshalb postwendend ausmustern wird.«

So eine miese Kanalratte!!! Zum Glück ließ Tante sich nicht von ihr bequatschen. Die Frau stopfte mich einfach in ihren Bundeswehrrucksack, wobei mein Kopf oben herausragte, schulterte mich und stiefelte gemeinsam mit Enie los.

In das Rijksmuseum zu gelangen war keine Kunst. Tante schenkte dem Pförtner ihren schönsten Wimpernaufschlag und ich ihm meinen herzerweichendsten Dackelblick. Der Mann lachte amüsiert, und schon waren wir drin! In einem imposanten Gebäude voller Gemälde der alten Meister. Das waren echte Schätze geistiger Substanz und handwerklichen Könnens, nicht zu vergleichen mit der Schmiererei auf dem Hausboot! Ehrfurchtsvoll sahen wir uns die Bilder an, staunten über die unfassbare Präzision der Maler, ihre packenden Farbkompositionen oder einfühlsam dargestellten Alltagsszenen aus einer längst vergangenen Zeit. Wir gingen vorbei an der berühmten Dienstmagd mit Milchkrug, Van Goghs Sonnenblumen, aufgetakelten Großseglern, dem fröhlichen Trinker und Winterlandschaften mit Schlittschuhläufern.

Das Blöde war nur, dass ich irgendwann tierisch schiffen musste!

Herrchen und ich haben so eine Art Codewort in Sachen Gassi, welches auch Tante kennt und seit unserer Reise benutzt. Wenn ich anfange, unruhig zu werden, schaut sie mich direkt an und fragt: »Naaaa, wollen wir Dehdeh gehen? Deehdeeeeeeh?« Bisher verstand Tante meine Antworten immer. Im Museum dagegen war unsere Kommunikation gestört, denn hinten im Rucksack zu sitzen war zwar spannend, nur nicht wirklich bequem, und so musste ich ständig die Position ändern, was wiederum zur Folge hatte, dass Tante sich an mein rascheliges Verhalten im Rucksack gewöhnt hatte und nun meine Signale für Dehdeh einfach nicht wahrnahm!

Erst als ich anfing zu winseln, setzte Tante mich in dem Rucksack auf dem Boden ab. Sie sah mich verwirrt an, doch ich hatte keine Zeit mehr für ein klärendes Gespräch und rannte los.

Weil ich ein stubenreiner Hund bin, suchte ich panisch nach dem Museumsausgang. Leider fand ich den nicht. Zu viele Gerüche. Planlos lief ich umher, bis ich einen geeigneten Galeriesockel entdeckte und mein Bein hob, aber man verscheuchte mich schimpfend. Schnell irrte ich in eine Ecke und hockte mich notgedrungen hin.

Als unter mir ein kleiner See entstand, begann sich über mir ein höllisches Gewitter zusammenzubrauen. Menschen guckten angewidert zu mir runter, ein Junge lachte mich höhnisch aus, jemand versuchte mich mit dem Fuß wegzudrücken und eine ältere Frau rief aufgebracht, wem denn dieser Dackel hier gehöre. Schließlich hielt man mich grob an meinem Halsband fest und versuchte mich fortzuschleifen. Ich jaulte kläglich! Auf einmal hörte ich eine laute mir wohlbekannte Stimme.

»Fassen Sie meinen Hund nicht an oder Sie scheißen morgen Zähne!«

Tante zwängte sich wutentbrannt durch die Menschenmenge und donnerte meine Peiniger an. Perplex ließen diese von mir ab. Erleichtert fühlte ich Tantes Hände, die mich hochhievten und kraftvoll an sich pressten. Mit erhobenem Haupt stolzierte sie mit mir davon. Das war der Augenblick, in welchem ich mich dazu entschied, Tante mit jeder Faser meines Daseins zu unterstützen. Wo auch immer ihr Roadtrip noch hinführen mochte, ich würde die Frau seelisch stärken, sie bewachen und immer zu ihr stehen!

5. Entrückungen

Als wir das Rijksmuseum verließen, hingen die Mädels erst mal in den Seilen und hatten keine Ahnung, was sie nun machen sollten, aber nachdem sie beschlossen, in der City shoppen zu gehen, straffte sich ihr Unternehmungsgeist wieder. Tante setzte mich ab, und ich trottete der Frau ergeben hinterher.

Enie erwies sich als eine unermüdliche Stadtführerin von Amsterdam, insbesondere was sämtliche Schuhgeschäfte in der Innenstadt betraf. Nach ein paar Stunden wurden die beiden endlich fündig. Tante kaufte ein Paar klobige Arbeiterstiefel mit einer Schicht Glitzer drauf und Enie welche mit Plateau-Sohlen. Das solide Schuhwerk hatte ein Doktor aus England entworfen und sah recht bequem aus, doch auf dem Weg zurück zum Hausboot begannen die Mädels sich gegenseitig vorzujammern, wie hart das Schuhmaterial noch wäre. Also entschieden Enie und Tante in der nächstbesten Kneipe eine Pause einzulegen.

Als wir diese betraten, hatte ich sofort den Geruch von Bier und nassem Holz in der Nase. Vorne links in der Kneipe befand sich ein Tresen, hinter dem der Wirt gerade ein Helles zapfte. Er nickte uns knapp zu, denn die Kneipe war voller Gäste. Vorzugsweise standen diese in der Nähe vom Ausschank und unterhielten sich angeregt miteinander. Weiter rechts gab es kleine Tische, an denen vereinzelt Leute die Tageszeitung lasen.

Zwar kannte ich nur unsere Dorfkneipe zu Hause in Friesland, trotzdem fand ich, dass diese Amsterdamer Spelunke ausgesprochen kommodig war. Die dunkelgrün gestrichenen Wände betonten das schummrige Licht des Raumes, und im hinteren Teil der Kneipe loderte ein Feuer in einem alten verschnörkelten Kamin. Davor standen sich zwei Ohrensessel aus dickem cognacbraunen Leder gegenüber, auf die Tante und Enie schnurstracks zusteuerten und Platz nahmen.

Ich legte mich neben Tantes glitzernde Arbeiterstiefel auf einen abgewetzten Teppich voller floraler Ornamente, und für einen Moment versetzte mich mein Gehirn nach England in einen Pub. Natürlich kam ich schnell wieder zurück auf den Boden der Tatsachen, dennoch realisierte ich in dieser Amsterdamer Kneipe das erste Mal die geografische Nähe zu Großbritannien, so wie mir in Friesland nicht selten ein holländischer Einfluss aufgefallen war. Die Grenzen unserer Reise fingen merklich an sich auszuweiten und verwischten sogar, andere wiederum kamen erst richtig zum Vorschein, wie das Gespräch zwischen Tante und Enie verdeutlichen sollte.

Die beiden Frauen bestellten Tee und unterhielten sich zunächst über Belanglosigkeiten, bis Enie von den Amsterdamer Sehenswürdigkeiten abzuspulen begann. Inhaltlich völlig unverfänglich, doch wurde ich das Gefühl nicht los, dass Enie etwas ganz anderes als das künftige Sightseeing am Wickel hatte. Sie lenkte den Gesprächsstoff geschickt von Amsterdam auf europäische Städte im Allgemeinen, entfernte sich schließlich von dem heimatlichen Kontinent und kam in Marokko zum Stehen. Tante erstarrte sichtlich, aber Enie ließ nicht locker und versuchte ein letztes Mal, Tante bezüglich ihrer schleierhaften Vergangenheit in Marokko zu knacken, und für einen Bruchteil der Sekunde glaubte ich, dass ihr das gelingen würde.

»Jetzt erzähl doch mal. Was war los?«, begann Enie.

»Nichts. Ich wollte einfach zurück nach Deutschland. Wieder in der Nähe meiner Familie leben«, antwortete Tante spärlich und ließ ein Zuckerstück in ihre dampfende Teetasse fallen.

Enie hakte noch mal nach: »Komm schon. Das stimmt doch nicht. Früher hat es dich total genervt hinterm Deich zu leben. Marokko dagegen war absolut dein Ding! Hattest sogar einen guten Job und alles.«

»Ja schon«, gab Tante zu, mehr aber auch nicht. Sie vermied den Augenkontakt mit Enie und rührte in ihrem Tee, als gäbe es in ihrer Vergangenheit nichts Brisantes aufzulösen.

»Hör mal, es stört mich eigentlich weniger die Tatsache, dass du bei deinen Eltern eingezogen bist, sondern eher, wie es dir seit deiner Rückkehr gesundheitlich geht. Du bist irgendwie abgekämpft, aber wenn man dir Fragen über deine letzten Monate in Marokko stellt, bist du total verschlossen. So kenne ich dich überhaupt nicht. Und manchmal bist du richtig weg, so als wärst du ganz woanders – auf jeden Fall nicht bei dir!«

»Du, ich bin wohl noch ein wenig angeschlagen wegen des vielen Rotweins gestern«, erwiderte Tante und nippte an ihrem heißen Tee.

»Weich mir bitte nicht schon wieder aus. Du weißt ganz genau, was ich meine. Selbst Joost hat bemerkt, dass du etwas Übles in Marokko erlebt haben musst. Und das heißt schon was bei seiner ewigen Kifferei!«

»Ist ja gut, Enie. Ich ... ich erzähle es dir«, kapitulierte Tante. Sie stellte ihre Teetasse auf einem Beistelltisch ab und atmete tief durch.

Es schien, als würde sie sich nun endlich öffnen und etwas von sich preisgeben, das für Außenstehende greifbar genug wäre, um der Frau aus ihrem Schlamassel heraushelfen zu können, doch Tante stammelte nichts weiter als zusammenhanglose Worte. Sie zitterte und kalter Schweiß trat auf ihre Stirn. Offenkundig konnte sie nicht über das Erlebte sprechen. Als Enie erschrocken zu ihr rüber eilte, hob Tante sich abrupt aus dem Sessel und stand neben sich.

6. Campen direkt am Meer

Am nächsten Morgen verabschiedete Tante sich von ihrer Freundin. Sie wollte mit dem VW-Bus wieder Fahrt aufnehmen. Enie hatte zwar versucht, Tante zum Bleiben zu bewegen und sprach von einer angehenden Psychologin, die sie von der Uni kennen würde und mit der Tante sich doch mal ganz unverbindlich unterhalten könne, aber Tante drückte Enie wortlos an sich und packte weiter ihre Sachen zusammen.

Als ich mich später auf dem Weg zum VW-Bus noch einmal zum Hausboot umdrehte, stand Rembrandt oben an Deck und winkte uns voll kitschig. Von der Realität schien der Typ echt nicht viel mitzubekommen. Ich zeigte ihm zum Abschied einen Vogel. Sollte er jemandem davon erzählen, würde ihm ohnehin kein Mensch glauben.

Die Tage mit Enie hatten Tante kurzweilig aufblühen lassen, doch seitdem wir wieder unter uns waren, wirkte sie depressiv. Es kam mir so vor, als wäre sie von einem Nebel eingehüllt worden, der jegliche Helligkeit absorbierte. Und als ihr bei einem Überholvorgang ein heranrasendes Auto hinter uns mit Lichthupe bedeutete, dass sie mit dem VW-Bus auf die rechte Fahrbahn wechseln sollte, zuckte sie erschrocken zusammen und reagierte dann eine Spur zu hektisch. Sie kollidierte fast mit einem anderen Fahrzeug, konnte das Steuer aber noch zurückreißen. Das Auto hinter uns musste folglich abbremsen und hupte aggressiv.

Nach dieser Begebenheit fuhr Tante von der Autobahn runter und hielt sich eine Zeit lang auf Landstraßen. Bald merkte ich, dass wir unseren alten Kurs ganz verlassen hatten. Wir kurvten verdreckte Feldwege entlang und juckelten an Kuhweiden vorbei, bis sich der VW-Bus eine Deichdrift hoch quälte. Oben angekommen schauten wir runter auf einen abgelegenen Strand. Dort schien Tante den Anker werfen zu wollen.

Über uns war alles Himmelblau. Das Erdreich um uns herum bestand aus Sanddünen und Strandhafer. Tante kurbelte das Fenster zur Meerseite runter, woraufhin salzige Seeluft in die Fahrerkabine strömte und Wellen in meinen Ohrmuscheln rauschten. Ich konnte es kaum abwarten, aus dem VW-Bus herauszukommen.

Als es so weit war, machte Tante mich nicht an der Leine fest, wie sie es schon mehrmals unterlassen hatte. Sie schien ein Mensch zu sein, der Hunde lieber in Freiheit sah. Begeistert galoppierte ich den endlosen Sandstrand entlang. Manchmal schreckte ich Möwen auf oder duellierte mich mit Krebsen. Ich strotzte nur so vor Freude und fragte mich, ob auch Tante den Ort als so erquickend empfand und drehte mich happy zu ihr um.

Sofort war ich zutiefst geschockt. Tante ging ins Meer! Und sie war bereits ein ziemliches Stück vorangekommen, denn die Wellen reichten ihr schon bis an die Taille. Oh man, wie hatte ich nur so dumm sein können? Tante war an diesen einsamen Strand gekommen, um sich hier ungehindert das Leben zu nehmen! Entsetzt sprintete ich los.

Fast einen halben Kilometer hatte ich mich vom VW-Bus entfernt und flehte innerlich, mit meinen Dackelbeinen schneller laufen zu können. Mein Herz raste, und mein Kopf überschlug sich gedanklich bei der Frage, wie ich die Frau bloß aus dem Wasser ziehen sollte! Von Weitem sah ich, dass sie noch Grund unter den Füßen hatte, doch der Wellengang der Nordsee war nicht zimperlich und könnte Tante jederzeit verschlucken! Ich rannte und rannte bis zu der Stelle, an der die Frau ins Meer losmarschiert war, tauchte meine glühenden Pfoten ins Wasser und wollte zu ihr, aber die Brandung baute sich so hoch auf, dass ich Tante kaum noch sehen konnte. Hilflos lief ich am Spülsaum hin und her und bellte wie von Sinnen! Endlich drehte sich Tante zu mir um.

Konfus erkannte ich, dass sie einen Neoprenanzug anhatte und sich rücklings in die Fluten warf. Ihre Jubelrufe und Quietschgeräusche ließen bei mir endgültig die Kinnlade runterfallen.

Letztlich aber war ich auch erleichtert. Gleich zu Beginn unserer Reise konnte ich ausschließen, dass Tante am Rande eines Abgrunds stand, auch wenn sie auf der Autobahn kurzzeitig einen solchen Eindruck auf mich gemacht hatte. Vielmehr war sie mit Stimmungsschwankungen unterwegs. Dennoch nahm ich mir vor, die Zweibeinerin von nun an besser im Auge zu behalten.

Als sie wieder zurück an Land kam, hatte sie schon bläuliche Lippen. Die Nordsee ist im April noch viel zu kalt zum Baden, selbst in einem Neoprenanzug bis zu den Hand- und Fußknöcheln. Bibbernd zog die Frau sich splitterfasernackt aus, schmiss den tropfnassen Anzug über ein Büschel Strandhafer und verschwand im VW-Bus. Schimpfend und mit knallroten Schnäbeln flogen ein paar Austernfischer in die Luft.

Bekleidet mit bauschigem Norwegerpullover, einer voluminösen Schneehose, Gummistiefeln und XL-Beanie kam Tante wieder heraus. Sie stellte ihren Campingkocher im Sand auf und machte sich Holundersaft heiß. Diese Geheimwaffe ihrer Mutter gegen alle Erkältungsbeschwerden besteht zum Großteil aus Wodka und wird von der Familie auch gerne präventiv getrunken. Vorbeugend kippte Tante also eine grooooooße Menge davon in sich hinein.

Unterdessen hatte ich hinter dem VW-Bus einen Ast gefunden und schleppte ihn stolz runter zum Strand. Möglicherweise könnte ich die holde Tante dazu bringen, mit mir Stöckchen werfen zu spielen und knurrte sie animierend an.

»Hey, gute Idee, Raffi – lass uns ein Lagerfeuer machen!«
Mist.

Dick eingepackt wanderte die Frau über die Dünen und begann Feuerholz zu sammeln. Ich unterstützte sie tatkräftig, und schon türmte sich am Strand ein beeindruckender Stapel aus Treibholz. Nicht alles davon war knochentrocken, aber die Norddeutsche kramte Grillanzünder und zusätzliche Holzscheite aus der Seemannskiste hervor. Kurz darauf züngelten Flammen in den klaren Abendhimmel.

Tante erhitzte eine Dose Ravioli und röstete dazu ein paar Scheiben Brot über dem Feuer. Ich bekam wie immer mein Hundefutter vorgesetzt, schnorrte mir aber auch was von der warmen Mahlzeit zusammen.

Als wir beide satt waren, torkelte die Frau runter zur Brandung, um unser Geschirr mit Sand und Meerwasser abzuwaschen. Erst da begriff ich, dass wir an diesem Strand übernachten würden! Noch nie zuvor hatte ich gecampt und bezweifelte, dass ich dieser Herausforderung gewachsen sein würde. Nervös kratze ich mich am Hals.

Was mich am Camping beunruhigte, war keineswegs der asketisch anheimelnde Lebensstil. Ich bin wie jeder andere Dackel ein ausgeprägter Minimalist. Schon seit Jahrhunderten leben wir mit Menschen in Wohngemeinschaften und verfügen dabei höchstens über einen eigenen Schlafplatz. Vielleicht gehört uns noch etwas Spielzeug, aber ansonsten besitzen wir nichts. Das Ganze brachte uns aber auch einen Nutzen, denn über Generationen hinaus minimalistisch leben zu müssen, bescherte uns Dackeln eine wertvolle Unabhängigkeit. Von der Pike auf haben wir es gelernt, uns auf die wesentlichen Dinge des Lebens zu fokussieren. Bis heute stehen Beziehungen und soziale Kontakte bei uns hoch im Kurs, genauso wie unbezahlbare Momente in der Natur. Selbst wenn wir es könnten, würden wir niemals auf die Idee kommen, unsere Lebensfülle über materielle Besitztümer zu definieren. Ein solches Verhalten beurteilen wir Dackel als steinzeitlich, im Hinblick auf die Ressourcenverknappung des Planeten sogar als komplett hirnlos. Deshalb haben wir unlängst damit begonnen, die Menschheit auch mit Artikeln über die Vorzüge des Minimalismus vollzutexten, schließlich sind wir Dackel Experten auf diesem Gebiet.

Nein, das Einzige, was mich beim Campen an meine Grenzen bringen könnte, war meine Aufgabe als Wachhund. Hier draußen am Strand einen Menschen zu bewachen, würde wesentlich stressiger sein als in der Zivilisation. Hungrige Riesenkraken könnten Tante Hals über Kopf ins Meer ziehen oder ein halb blinder geiler Wal sich in den VW-Bus verlieben! Schnell machte ich das schreckliche Kopfkino wieder aus und beschloss, die erste Nacht des Campens einfach auf mich zukommen zu lassen.

Kurz bevor am Horizont die Sonne unterging, vollbrachte sie mit allen möglichen Farben des Himmels eine wahre Illuminationsshow, denn die Flut hatte sich zurückgezogen und das reflektierende Wattenmeer bloßgelegt. Nun zelebrierte sich die Ebbe mit ihren tausend zarten Klickgeräuschen. Tante und ich betrachteten das glanzvolle Lichtspiel, genossen den neuen Klangteppich sowie den aufkommenden Duft von Muscheln und Seetang.

Als unser Lagerfeuer ausging, prangten schon die Sterne über uns, und blinkende Satelliten zogen stumm ihre Bahnen. Tante haute sich in die Koje, machte die Schiebetür zu und schlief augenblicklich ein. Ich hingegen war total aufgeregt, setzte mich auf das Fußende der Matratze und spitzte meine Schlappohren wachsam in der Dunkelheit.

Stundenlang knisterte der Strandhafer in den seichten Wogen des Windes, und ich döste oft weg. In der Morgendämmerung jedoch floss das Wasser langsam zurück an den Strand und stellte das Meeresrauschen jede Viertelstunde automatisch etwas lauter. Als landeinwärts die Sonne aufging, kamen noch Begrüßungsrufe von Küstenvögeln dazu. Allmählich fand ich Gefallen am Camping. Es schien besser zu sein, als ich gedacht hatte und beschloss, Feierabend zu machen.

Kaum hatte ich mich als Wachhund ausgestempelt, hörte ich einen sonderbaren Laut. Sofort sprang ich auf die Seemannskiste und scannte vom Fenster aus den Strand. Mein Radar machte eine verdächtige Gestalt aus, die sich keine hundert Meter vom VW-Bus entfernt flach in Deckung hielt – bewegungslos wie ein heimtückisches Raubtier. Ich stellte meine Augen schärfer und erkannte … einen Seehund! Verdutzt überlegte ich, ob ich Tante wecken sollte, aber der Kollege im Sand wirkte in keiner Weise gefährlich. Er ruhte sich bloß aus. Ein Weilchen später robbte er mühselig davon und verschwand in der Brandung. Es war eine sonderbare Begegnung, und für einen Moment hatte ich Frieden mit meinen kurzen Dackelbeinen geschlossen.

7. Reisejunkie

Als Tante endlich aufstand, hatte die Flut ihren Hochstand erreicht. In der Ferne transportierte ein Containerschiff bunte Rechtecke nach Rotterdam. Möwen segelten kreischend über uns hinweg, möglicherweise weil Tante heute ein wenig wie ein Zombie aussah. Ihre Locken standen platt gedrückt zu allen Seiten ab, und dunkle Augenringe verunstalteten ihre vom Schlaf verquollenen Gesichtszüge.

Noch etwas steif ging sie hinunter zur Brandung und verpasste sich eine spritzige Katzenwäsche. Anschließend kochte sie sich mit einem Filteraufsatz mindestens einen halben Liter Kaffee und brutzelte uns ein paar Spiegeleier, die leider vom Wind mit Sand bestreut wurden, aber sonst vorzüglich schmeckten.

Nach dem Frühstück gingen wir am Strand spazieren, wobei uns die nervigen Schreihälse am Himmel verfolgten. Tante störte das anscheinend nicht. Sie schaute die meiste Zeit gedankenversunken aufs offene Meer hinaus, weshalb ich begann, mir schon wieder Sorgen um sie zu machen. Aufmunternd legte ich glitschige Algen auf ihre Gummistiefel und eine lustige Feder, doch sie reagierte kaum und schien kilometerweit weg zu sein.

Auf einmal blieb sie stehen und fragte: »Du Raffi, sollen wir als Nächstes nach Spanien fahren oder uns Paris ansehen?«

Ach so! Tante war gar nicht apathisch, sondern setzte im Geiste schon wieder die Segel! Na schön, dann aber bitte Richtung Spanien, ein Land, in welchem der werte Picasso seinen Dackel Lump zum bedeutendsten Tiermodell der Kunstgeschichte gemacht hat. In Paris dagegen schimpft man unsereins Baguette auf Pfoten, außerdem stinkt es in der Stadt der Liebe bestimmt überall nach Parfum!

Angewidert von dem synthetischen Mief, wälzte ich mich auf einem gammeligen Fisch, bis mich eine wunderbar duftende Wolke aus Aasgeruch umhüllte. Das nannte ich einen Duft! Leider führte die Aktion dazu, dass wir zum Bulli zurückkehrten, wo Tante mein Fell nass machte, es mit ihrem Shampoo bearbeitete und dann mit Unmengen von Meerwasser ausspülte. Man war das kalt! Und reizvoll wahrnehmbar, wie unwissend Tante im Bezug meiner Aversion gegen künstliche Odeurs sein musste, denn nach dem Einschäumen roch ich intensiv nach Maiglöckchen, und mein feiner Gewürzprüfer bedankte sich niesend.

Zum Schluss wickelte Tante mich in ihr Handtuch und nahm mich wie ein kleines Baby hoch. Dass ich ein erwachsener Dackel bin, hat sie auch noch nicht kapiert!

»Ach, weißt du was, ich werfe einfach eine Münze. Zahl heißt Paris!«, beschloss Tante.

Gesagt getan. Einen Augenblick später wirbelte ein Geldstück durch die Lüfte und landete plumpsend im Sand. Gespannt glotzten wir runter auf das Ergebnis. Tja, ich versuchte das Positive an dem neuen Reiseziel zu sehen:

Immerhin stehen die Franzosen, genau wie ich, total auf Frösche!

Flugs packte Tante unsere Sachen ein und segelte los. Heizung sowie Lüftung wurden auf volle Pulle gestellt, so trocknete mein Fell in Windeseile. Von der Wärme umschlossen und von meiner Nachtschicht als Wachhund übermüdet, schlummerte ich schon nach ein paar Kilometern auf dem Beifahrersitz ein.

Spät nachmittags wurde ich von einer Tirade verbaler Verwünschungen geweckt. Wir befanden uns auf einer französischen Autobahn, und die aufgebrachte Fahrerin hatte wohl trotz Navi wiederholt die richtige Ausfahrt verpasst. Leider steckten wir in dem berüchtigten Kreisverkehr von Paris, der einmal um die riesige Stadt herumführte!

Ich musterte Tante von der Seite und fand, dass diese verfahrene Situation im Wesentlichen ihre Lebenslage widerspiegelte. Die Frau war wie getrieben und unfähig sich zu setzen. Ich bin kein Psychologe oder so, aber ich befürchtete, dass Tante vor irgendetwas davonlief und unser Roadtrip für sie eine betäubende Droge war – Ausweg und Irrlauf zugleich.

Ich selbst habe in meinem Leben bisher wenig Kummer erfahren. Nur ein einziges Mal wäre ich fast unter die Räder gekommen. Als junger Spund war ich von zu Hause ausgekniffen, weil ich unbedingt die liebreizenden Hundedamen am Strand besuchen wollte und der Weg dorthin führte über eine stark befahrene Landstraße. Zum Glück ist mir nichts passiert, abgesehen davon, dass Herrchen mich lauthals zurechtwies, als er mich ausfindig gemacht hatte. Erst im Nachhinein wurde mir mein jugendlicher Leichtsinn bewusst und ich dankte Gott, mich vor einem schlimmen Unfall bewahrt zu haben.

Wie die meisten Dackel glaube auch ich an den »großen Hund«. In Norddeutschland kann man sein Sternbild am besten im Winter erkennen. Besonders während dieser trostlosen und dunklen Jahreszeit ist er uns stets ein leuchtender Gefährte. Einige meiner Kumpel, welche bedauerlicherweise die kalten Nächte draußen angebunden oder in einem Zwinger fristen müssen, schöpfen besonders viel Kraft aus ihm. Sie suchen ihn am schwarzen Himmel, verbinden seine hellen Punkte und erkennen an seiner Bewegung, dass bald ein neuer Tag anbricht. Ich hoffte inständig, dass es auch in Tantes Leben einen solchen Weltenlenker gäbe.

»Verdammt, Raffi! Ich fahre jetzt einfach irgendwo ab!«

Tante fuhr von der Piste runter und voilà, wenig später knatterten wir hupend am Triumphbogen von Paris vorbei. Eine recht verheißungsvolle Wende!

8/ Der Frühling in Paris

Ich fasste es nicht. Es war ein wundervoller Frühlingsmorgen und wir befanden uns in der weltberühmten Stadt der Liebe, saßen jedoch in der Metro unterwegs zu einem Friedhof! Das gefiel mir gar nicht, doch als Tante mich schließlich im Bundeswehrrucksack durch das wuchtige Tor des »Cimetière du Père-Lachaise« geschmuggelt hatte, wurde ich angenehm überrascht.

Zwar barg der alte Friedhof von Grund auf viel Traurigkeit und seine Gräber waren von Spinnweben und Tränen benetzt, aber seine gewundenen Pfade führten durch eine romantisch mondäne Welt, geschaffen von kunstfertigen Handwerkern. Lebensechte Figuren und Statuen bewohnten den Bereich zwischen Gruften, verzierter Mausoleen und kleinen Tempeln – sie beweinten die Toten, blickten nachdenklich empor oder hatten sich schlafend auf Steinplatten gelegt. Seit dem 19. Jahrhundert. An manchen Stellen arrangierte ihnen der Frühling eine Überdachung aus blühenden Baumkronen und am Erdboden hübsche Tuffs aus Traubenhyazinthen. Der Pariser Totenacker war unheimlich wie auch schön. Und voller Prominente!

Ich hätte gerne die Ruhestätte von Edith Piaf besucht, bedauerlicherweise steuerte Tante das Grab von Jim Morrison an. Dieses erwies sich im Gegensatz zu den anderen Gräbern als optisch unspektakulär, aber Fans hatten darauf Blumen abgelegt sowie Joints und Briefe. Auch Friedhofskerzen in rauen Mengen. Tante nahm ein Feuerzeug und zündete alle an.

Nachdem wir nochmals mit der Metro durch Paris georgelt waren, spazierten wir am höchsten Bauwerk Frankreichs entlang. Die meisten Leute um uns herum waren beeindruckt von dem Eiffelturm, aber ich mochte ihn nicht. Stand da bloß rum und meinte, er sei der Größte mit seinen langen Beinen. Nachts stellte er sie bekanntlich zur Schau und zog durchsichtige Overkneestrümpfe aus farbwechselnden Licht an. Reisende konnten unter seinen gespreizten Gliedmaßen hindurchgehen und bis zum Schritt gucken! So 'ne Sau. Und egal wo ich mich später in Paris noch umsah, der Eiffelturm drängte sich mir immer wieder ins Bild.

Beschaulicher wurde es am Ufer der Seine. Die Sonne schien, und eine alte Steinbogenbrücke rekelte sich verträumt über den Fluss, dessen mächtige Wassermassen langsam unter der Brücke hindurchglitten. Die Luft hier fühlte sich an wie Seide und hauchte ein wenig Rouge auf Tantes Wangenknochen.

Die Frau legte sich auf eine der hiesigen Parkbänke und sonnte sich, doch fiel sie dabei immer wieder in einen Sekundenschlaf. Also passte ich auf sie und ihren Rucksack auf. Eine Weile beobachtete ich vorbeifahrende Binnenschiffe, bis mich plötzlich zwei Arme umschlungen und auf die Parkbank hoben. Diesmal war es Tante, die sich an mich kuschelte.

Zum Abend hin besuchten wir ein Künstlerviertel namens Montmartre, das auf einem Hügel im nördlichen Paris lag. Wie Kaskaden flossen dort flache Treppengänge bergab, gesäumt von bohèmen Flair. Es schien, als wäre hier die Zeit stehen geblieben. In der Zeit von Toulouse-Lautrec, Cézanne und Renoir. Viele berühmte Literaturschaffende, Malerinnen und Maler hatten in dem Stadtteil gelebt, weshalb einige Cafés und Restaurants damit warben, das Stammlokal eines prominenten Künstlers gewesen zu sein. Auch am »Moulin Rouge« kamen wir vorbei, sowie anderen legendären Tanzlokalen und Kabaretts. Kaum zu glauben, aber früher soll Montmartre bloß ein Hügel mit ein paar Windmühlen und Gaststuben drauf gewesen sein, aber da hatte die Zeit keinen Halt gemacht.

Irgendwann schleifte Tante eine halb volle Flasche Beaujolais hinter sich her. Am Rande eines breiten Treppenganges ließ die Frau sich kichernd nieder und befahl mir, Platz zu nehmen. Sie positionierte einen leeren Pappbecher und einen Zettel, auf dem sie »La Joconde« gekritzelt hatte, vor mich. Damit war das Rätsel um Mona Lisas Lächeln für die gesamte Menschheit gelüftet. War doch klar, dass der Maler lediglich versucht hatte, den Dackelblick zu imitieren. Amüsiert gingen Leute an uns vorbei und schmissen jede Menge Euros in meine Bettelschale.

Obgleich ich nun ein beleidigter und sturer Hund hätte sein können, gönnte ich der Frau ihren Spaß, denn der letzte verbliebene Millimeter meiner inneren Distanz zu Tante hatte sich mittlerweile aufgelöst, sprich die Zweibeinerin war mir ans Herz gewachsen, und ich ließ ihr alles, was sie tat, durchgehen. Vor wenigen Tagen noch waren meine Gefühle für sie eher verhalten gewesen, doch seit unserer gemeinsamen Reise hatte alles Kopf gestanden und sich neu zu sortieren begonnen, so wie eben auch mein Herz.

Ob Tante ebenfalls freundschaftliche Gefühle zu mir entwickelte, wusste ich nicht, aber auch sie verhielt sich mir gegenüber anders als sonst. Bevor wir in Paris angekommen waren, hatte sie mir zu Fressen gegeben, ist mit mir Gassi gegangen und all das, doch die meisten ihrer Bemühungen besaßen einen recht mechanischen Charakter. Heute jedoch war mir aufgefallen, dass Tante mich mehrmals völlig grundlos auf ihren Arm hochgenommen und mich an sich geschmiegt hatte.

Als sich der Sonnenuntergang ankündigte, trug die Frau mich etliche Treppen hinauf zur Basilika »Sacré-Coeur« – der zugleich höchste Punkt von Paris. Sie setzte sich auf eine der Stufen und mich auf ihren Schoss. Still betrachteten wir die dunstige Abendröte, die sich über der Stadt ausbreitete. Und wie hätte es nicht anders gewesen sein können, stand mittendrin der Eiffelturm und posierte mit seinen glühenden, ewig langen Beinen.

Unseren zweiten Tag in Paris begannen wir mit einem Streifzug durch einen rumpeligen Laden für gebrauchte Interieurs. Antike Louis XVI-Stühle, eine prunkvolle Chaiselongue und anderes verlebtes Mobiliar stand in der Gegenwart zum Verkauf.

Mein Geschmack war das nicht, aber bei Tante weckten die Sachen ihren Jagdinstinkt. Sie pirschte gedrosselten Schrittes an allem vorbei, bis sie wie angewurzelt stehen blieb und ein Objekt genauer ins Visier nahm. Seitlich an einem Schrank hing eine elegante Abendrobe von Christian Dior in Hellgrün. Sie war schulterfrei, eng tailliert, zum Boden hin weit ausgestellt und ließ unter dem Saum etwas Tüll hervorschauen. Auf dem Rock-Teil des Kleides befanden sich winzige Pailletten in Himbeerfarben und wirkten darauf wie verstreutes Konfetti. Tante hatte sich augenblicklich in das Vintageteil reinverliebt und bat den Verkäufer in süßestem Französisch, es anprobieren zu dürfen. Dieser bedeutete ihr höflich, dass die Abendrobe unverkäuflich sei und nur noch zu dekorativen Zwecken in dem Ausstellungsraum hinge. Außerdem machte der Verkäufer Tante auf einen hässlichen Riss im Stoff entlang der Rückenpartie aufmerksam, doch Tante bezirzte den Mann so lange, bis sie das Kleid am Leib trug und es uns kokett wie ein vorsintflutliches Mannequin vorführte. Als Rüde verstehe ich nicht viel von Frauenklamotten, aber der Fummel passte Tante wie angegossen und brachte ihre blauen Augen zum Strahlen. Schmunzelnd gab der Verkäufer nach.

Nachdem wir kurz darauf das Geschäft verließen, hatte Tante ihre vorherigen Anziehsachen in den Bundeswehrrucksack gestopft, die hellblaue Jeansjacke über das Abendkleid gestreift, ihre Glitzermartens wieder an und promenierte mit mir weiter. Vielleicht war ihr Auftritt ein wenig zu extravagant, aber irgendwie verschmolz sie optisch mit den Plätzen von Paris. Als wir am Centre Pompidou die farbenfrohen Nanas und andere poppige Gestalten von Nicki de Saint Phalle passierten, fügte sich Tante mit ihrem Outfit künstlerisch in dieses schrille Szenario ein. Die Glaspyramiden vom Louvre hoben Mademoiselle im funkelnden Kleid von Dior ganz natürlich in ein Bild surrealer Stimmung. Und die dämonisch dreinschauenden Gargoyles der mittelalterlichen Kathedrale Notre-Dame versetzten Tante, eingehüllt von ihrem Prinzessinnenkleid, auf die Bühne eines dramatischen Märchens. Paris ist schon ein ganz besonderes Pflaster.

Als ich gegen Abend nicht mehr laufen konnte, setzte Tante mich routiniert in ihren Bundeswehrrucksack. Oben heraus lugte mein Köpfchen mitsamt Schlappohren und dunklen Knopfaugen, was meiner bescheidenen Meinung nach Tantes Look erst so richtig vervollkommnete. Mit dieser Ansicht war ich anscheinend nicht allein, denn sofort machte jemand ein Foto mit Blitzlicht von uns. Mit den historischen Straßenlaternen im Hintergrund muss das ein toller Schnappschuss geworden sein.

Nachdem wir Paris tags darauf mit dem VW-Bus verlassen hatten und auf der Autobahn Richtung Nordwesten fuhren, verlor die Stadt der Liebe ihre romantische Aura. Im Radio wurde berichtet, dass Notre-Dame lichterloh brennen würde und der Rauch fast überall in Paris zu sehen sei. Ganz Frankreich schien fassungslos, denn die Kathedrale zählte zu den ältesten Wahrzeichen der Hauptstadt. Auch Tante und ich waren geschockt. Keine 24 Stunden zuvor hatten wir den Gargoyles der Kathedrale einen Besuch abgestattet, doch jetzt standen sie in Flammen. Ich stellte mir vor, wie sich ihre bedrohlichen Fratzen zu Grimassen der Qual verzogen, so als befänden sich diese Geschöpfe plötzlich mitten in der Hölle.

9. Verdrängungen

Gegen Ende des Zweiten Weltkrieges wurde Tantes Opa mit achtzehn Jahren Soldat. Nach einer kurzen militärischen Ausbildung kippte man ihn zusammen mit seinen Kameraden aus einem Flugzeug über der Normandie als Fallschirmjäger aus. Ein feindlicher Soldat am Boden hielt sein Maschinengewehr ratternd in die hinab segelnde Gruppe und erschoss sie alle.

Bis auf Tantes Opa. Er überlebte dieses schreckliche Ereignis mit einem Bauchschuss und der Abtrennung seiner linken Hand durch einen Granatsplitter. Ärztliches Fachpersonal konnte ihn halbwegs zusammenflicken, letztendlich aber gab man ihm nicht mehr lange zu leben. Gestorben ist er im Alter von 87.

Ich habe Opa nicht mehr kennengelernt, aber die Familie hat oft von ihm gesprochen. An lustigen Geschichten mangelte es dabei nicht, denn zeit seines Lebens ist Opa ein raubeiniger Charakter gewesen. In seinem ostfriesischen Heimatdorf nannte man ihn deshalb wohl auch »ein Original«.

Sein Haus hatte er auf einem verwaisten Deich der Emsmündung gebaut, auf dem er diverse Nutztiere hielt und Obstbäume angepflanzt hatte. Wenn seine einzigen

Enkelkinder, sprich Tante und ihre Schwester, in den
Schulferien zu ihrem Opa verreist waren, zeigte er ihnen,
wie man Apfelmost produziert, Schafe umweidet,
Muscheln für die Hühner findet, Fallen für Bisamratten
aufstellt, Aale mit Reusen fängt und vieles mehr, aber
hauptsächlich wie man faule Ponys umliegender Bauern-
höfe mit Galopp über die Felder reitend auf Trab bringt.
Tante und ihre Schwester liebten die Ferien bei ihrem Opa.

Heute ging Tante mit mir auf Spurensuche von Opas
Vergangenheit als junger Soldat. Es gab diverse Puzzleteile
aus der Zeit, wie zum Beispiel die schwere Schussver-
letzung, seine spätere Gefangenschaft und Folter, irritieren-
derweise auch das Flirten mit französischen Frauen. Seine
detailliert zusammenhängende Kriegsgeschichte hatte Opa
nie preisgegeben, aber der Name einer bestimmten Ort-
schaft ist in seinen Erzählungen gleich mehrmals gefallen.
Was an dieser Stätte in der Normandie eigentlich passiert
war, hatte Opa nie erwähnt, doch kurz vor seinem Tod
wollte er den Ort unbedingt noch einmal besuchen. Die
Familie hoffte, dass ihm diese Reise dabei helfen würde,
endlich über die fehlenden Teile seiner Kriegsvergangen-
heit sprechen zu können und unterstütze sein Vorhaben,
aber eine Woche vor seinem Reiseantritt verstarb Opa im
Schlaf. Erst Jahre nach seinem Tod war es nun Tante, die
seine lückenhafte Kriegsgeschichte inhaltlich zu schließen
versuchte.

Der mysteriöse Ort nennt sich »Le Mont-Saint-Michel«
und ist eine mittelalterliche Klosteranlage, die vor über
tausend Jahren auf einer hoch gelegenen Felseninsel im
atlantischen Wattenmeer gebaut wurde. Sie befindet sich
ungefähr einen Kilometer vom Festland entfernt. Vom
Strand aus betrachtet gipfelt die Silhouette des Gebäude-

komplexes treppenartig vom Horizont hoch hinauf in den Himmel, grob in der Form einer kindlichen Sandburg und ist gekrönt vom spitzen Turm der Abtei. Bei Flut ist die Felseninsel von Meerwasser umringt und lediglich über eine Stelzenbrücke erreichbar.

Als Tante und ich an dem Strand ankamen, war gerade Ebbe, folglich konnte man die Felseninsel auch über das Watt erreichen. Spontan schloss Tante sich einer geführten Touristengruppe an und marschierte mit mir hinten im Bundeswehrrucksack los. Eigentlich hätte ich durchaus selbst gehen können, denn die Bucht war recht versandet und der Boden alles andere als matschig, doch je näher wir der Felseninsel kamen, desto mehr dunkler Schlick quoll zwischen Tantes Zehen hindurch. Einmal ist die Frau sogar bis zu den Waden eingesunken und konnte nur noch schwer stapfend weitergehen. Ich wäre in diesem Bereich keinen einzigen Meter mit meinen Beinen vorangekommen und womöglich komplett versunken. Tante dagegen – hochgewachsene Küstendeern aus Friesland, die sie ist – meisterte alle tückischen Schlammlöcher und einen schnell fließenden Priel. Wäre sie dabei gestürzt, hätte es für mich durchaus gefährlich werden können, aber ich blieb die ganze Zeit über tiefenentspannt.

Auf der Felseninsel angekommen, erschlossen wir zunächst die am niedrigsten bebaute Ebene, die eine Art komprimiertes Dorf aus Steinhäusern und engen Gassen war. Der eigentliche Festungsbereich mit dem Kloster und der Abteikirche befand sich auf den beiden Ebenen darüber und hob sich deutlich von der unteren Wohnsiedlung ab. Dort oben konnte man die imposante Abtei und andere sakrale Bauten erkunden, mitunter einen Rittersaal, die alten Schlafräume der Mönche oder einen hübschen Kreuzgang mitsamt Klostergarten.

Trotz seiner schöngeistigen Architektur vermittelte der Gebäudekomplex der Felseninsel einen nordisch spröden Charakter, denn um sich gegen die Wetterverhältnisse der Küste zu wehren, hatte man die Außenanlage aus Granit gebaut. Das ließ die Besiedlung der Insel noch isolierter wirken, als sie ohnehin schon war, aber je weiter wir nach oben stiegen, desto besser wurde unsere Aussicht auf die Priele und Rinnen des Wattenmeeres, die sich wie menschliche Adern in die Ferne schlängelten, was den Kontrast zwischen Abgeschiedenheit und Weite harmonisch ausglich.

Für mich war Le Mont-Saint-Michel ein friedvoller Ort. Dass sich hier der Zweite Weltkrieg abgespielt haben sollte, konnte ich mir nicht vorstellen. Abgesehen von ein paar finsteren Kerkern in den Kellergewölben, die jedoch aus einer älteren Geschichtsepoche stammten, passte nichts in die Zeit des Zweiten Weltkrieges, aber Opas Erzählungen hatten ohnehin nur Bildfetzen schraffiert. Und seine schlimmsten Erlebnisse, insbesondere die traumatisierenden, hatte er wie eine Festung in seinem Kopf eingemauert. So konnte niemand mehr eine Verbindung zu diesem Bereich aufbauen, geschweige denn er selbst. Die meisten Menschen seiner Generation legten ein ähnliches Verhalten an den Tag. Man funktionierte, und das reichte. Verdrängung lautete die gängige Medizin.

Und da fiel es mir wie Schuppen von den Augen. Tante musste in irgendeiner Form ein Trauma erlitten haben! Vieles hatte darauf hingewiesen und fügte sich nun zu einer schlüssigen Diagnose zusammen. Die Symptome waren ihre Wesensveränderung, die Unfähigkeit, über das

Erlebte sprechen zu können, Stimmungsschwankungen aus heiterem Himmel und Momente des neben sich Stehens.

Es musste in Marokko also eine lebensbedrohliche Situation für Tante gegeben haben, denn sonst hätte sich dieses Ereignis nicht als ein Trauma in ihrem Gehirn manifestiert. Ich überlegte. Krieg oder Terror hatte es in den letzten Monaten meines Wissens keinen in Marokko gegeben. Genauso wenig eine Naturkatastrophe. Und eine Negativerfahrung mit den Einheimischen und ihrer Kultur konnte erst recht nicht ausschlaggebend für das Trauma gewesen sein, denn in Paris hatte Tante einen Marokkaner nach dem Weg gefragt und sich anschließend ganz leger mit ihm unterhalten. Ich tappte vollkommen im Dunklen, aber immerhin hatte ich eine Fährte aufgenommen!

10. Brücken

Nachdem ich wusste, dass Tante unter einem psychischen Trauma litt, verstand ich ihr oft seltsam gewesenes Verhalten besser. Gleichzeitig breitete sich in mir der Wunsch aus, der Frau gezielt zu helfen. Ich wollte also mehr über ihr Trauma erfahren. Leider verlor Tante bekanntlich kein einziges Wort über ihr tiefgreifendes Erlebnis, weshalb mir nur mein Logbuch blieb, um das Trauma zu reflektieren, es irgendwie sichtbar zu machen und im besten Fall heilsam lichten zu können.

Ich tippte jede Nacht. Schrieb meine Reisememoiren weiter und hielt dabei alles schriftlich fest, was mir an Tante aufgefallen war. Las es immer und immer wieder durch. Spürte nach. Setzte meine gesamte Intuition ein. Grübelte. Analysierte. Recherchierte nebenbei im Internet das weite Feld der psychischen Traumen, doch fand ich keinen Zugang zu Tantes verletzter Gedankenwelt. Ein Teil ihrer Seele war für absolut niemanden erreichbar, aber ich gab nicht auf, und in der Zwischenzeit würde ich auf einer anderen Ebene brauchbare Verbindungen für Tantes Wohlergehen herstellen. Schon bald ergab sich dafür eine Gelegenheit.

Wir fuhren ein paar Tage weiter an der Atlantikküste entlang. Die schroffen Strände der Bretagne waren bildschön, doch die Bunker aus der deutschen Besatzungszeit rückten in Tantes Bewusstsein und marschierten in ihre zerbrechliche Happyness ein. Zudem war das sonnige Aprilwetter in eine wilde Eiszeit mit Hagelstürmen und Schneeschauern umgeschlagen. So viel Kälte auf einmal konnte Tante wohl nicht aushalten, denn sie parkte den VW-Bus vor einem Bistro eines kleinen französischen Dorfes.

Als wir die Gastronomie betraten, schlug uns der Dunst von warmen Mittagessen entgegen. Ein Kaninchenbraten flog durch die Luft! Sofort ging mein Atem nur noch stoßweise, und ein ganzer Atlantik lief in meinem Maul zusammen. Flehend und mit weit aufgerissenen Augen sah ich zu Tante hoch, die verschwörerisch zu mir runter lächelte.

Ein freier Tisch fand sich rasch, denn die Mittagszeit war fast vorbei. Nur in der Ecke saßen drei Greise und nippten an ihren Kaffeeschalen. Sie schauten griesgrämig zu uns herüber und sprachen kein Wort. Vielleicht hatten sie den Zweiten Weltkrieg noch selbst miterlebt und erkannten Tante als Deutsche? Diese bemerkte das schlecht gelaunte Trio ebenfalls und reagierte verunsichert. Sie bestellte beim Kellner das Tagesgericht, doch als er das Kaninchen kurz darauf serviert hatte, stocherte Tante bloß in dem Essen herum. Darüber hinaus fiel kein einziger Bissen vom Teller auf den Boden! Eine Situation, die für mich nicht länger zu ertragen war, also waltete ich meines Amtes als geübter Brückenbauer.

Vorsichtig schlich ich zu den alten Herren und senkte mein Haupt, damit meine Schlappohren auf der Erde schlurften und der Dackelblick höchst effektiv daherkam! Zunächst ignorierten mich die Männer, bis sich einer erbarmungsvoll zu mir runter beugte, um meinen Rücken zu klopfen. Er murmelte ein paar mild klingende französische Worte, woraufhin ich meine Schnauze auf sein Knie legte und anfing, den Mann mit meinen Augen zu hypnotisieren. Dann streckte ich in niedlichster Manier meine Pfote zu ihm aus ... Keine fünf Minuten später wechselte ich den Schoß der drei Greise, die mich verhätschelten und mit Keksen fütterten!

Als Tante meinen Tischwechsel registrierte, sprang sie auf und eilte zu uns. Sie entschuldigte sich mehrmals bei den Herren und wollte mich ihnen entreißen, aber die wehrten Tante ab und bedeuteten ihr recht harsch, das Essen nicht kalt werden zu lassen. Eingeschüchtert kehrte Tante um und wandte sich wieder ihrer Mahlzeit zu. Meine erste Vermittlung zwischen den Fronten war ein Schuss in den Ofen! Ich legte nach. Diesmal schaute ich unablässig rüber zu Tante, starrte auf ihr Kaninchenragout, leckte demonstrativ meine Barthaare und wimmerte leise. Alle drei Herren versuchten mich zu trösten, doch ich bearbeitete sie gnadenlos weiter. Ein kleines Wolfsgeheul gab den alten Männern den Rest! Endlich wurde Tante mitsamt Teller an den Tisch der drei Herren bugsiert, und das leckere Kaninchenfleisch verschwand peu à peu in meinem Bauch.

Stolz auf mein solides Werk überließ ich die deutsche Maid und die drei Franzosen nun ihrem eigenen Schicksal, was ausgesprochen gut klappte. Sie unterhielten sich nicht über Themen wie den Zweiten Weltkrieg oder seine hässlichen Bunker, sondern befassten sich mit Tantes Handyfotos von Paris. Höflich bemerkten die Männer dieses oder jenes, kommentierten mit belegten Stimmen Tantes Selfies vor Notre-Dame, aber als das Foto von mir als Mona Lisa zum Vorschein kam, konnten die drei Herren nicht mehr an sich halten und polterten los vor Lachen. Das wiederum lockerte Tante auf. Ich merkte, wie die Stimmung an unserem Tisch immer besser wurde. Und weil die Reisende nicht wirklich viel von ihrem Mittagessen abbekommen hatte, spendierten ihr die Herren als Dessert Camembert mit reifer Birne. Irgendwann kurvte auch eine Flasche Cidre über den Tisch. Es verspann sich ein ausgesprochen formidabler Nachmittag!

11. Love reign over me

Das Aprilwetter zeigte sich weiterhin frostig. Tante verbarrikadierte sich im VW-Bus und pflegte ihren Kater, den sie sich beim Trinken diverser französischer Schnäpse mit den drei Herren im Bistro eingefangen hatte. Die Samtvorhänge waren zugezogen und alle Stumpenkerzen auf der Seemannskiste angezündet, welche im Bulli als unsere einzige Wärmequelle dienten. Notgedrungen rauften wir uns mit ihrem Kater unter mehreren Decken auf der Matratze zusammen, aber das Bettzeug war so dermaßen klamm, dass wir trotzdem froren. Als ich zu zittern begann, zog Tante mir ihren Norwegerpullover über und wickelte mich mit seinen Ärmeln in das viel zu große Teil ein, sodass ich komplett bewegungsunfähig wurde und man fast nur noch meine Schnauze sehen konnte. Ich kam mir vor wie ein feistes Walross! Sie selbst trank Unmengen heißen Chaitee, was aber nur dazu führte, dass sie oft austreten musste und nasskaltes Wetter mit in den Bus zurückbrachte.

Irgendwann reichte es Tante. Sie schmiss den Motor an, drehte die Heizung voll auf und verkabelte ihr Handy mit einem Brüllwürfel. Auch die Discokugel trat in Aktion. Beschwingt von The Who huschten helle Punkte im VW-Bus ihre Runden.

Tante begann sich ein wenig warm zu grooven. Weil der Bulli keine ausreichende Höhe zum Stehen hatte, musste die Frau auf ihren Knien tanzen. Sie fokussierte dabei ihre Bewegungen auf Hüfte und Arme, was sie sich bestimmt bei den arabischen Bauchtänzerinnen in Marokko abgeguckt hatte. Ich lag still auf dem Bett und beobachtete ihre schlängelnden und kreisenden Moves, doch weil Tante den dicken Winterparka anhatte, dazu eine ausgebeulte Jogginghose und ungefähr drei Paar Socken, kam der tänzerische Glamour ihrer Darbietung nicht wirklich rüber.

Einen Moment später setzte Trommelwirbel ein. Schwere Regentropfen hämmerten auf dem blechernen Dach unseres Bullis und erzeugten eine archaische Spannung. Und genau dann passierte es. Tante schmiss bei ihrem Gehampel eine der brennenden Kerzen um. Das weichgewordene Wachs floss auf den Fransenteppich, und sogleich fing dieser Feuer! Die Discoqueen wurde starr vor Schreck. Ich konnte ihr nicht zu Hilfe eilen, weil ich noch in der wolligen Zwangsjacke steckte, doch um einen Brand aufzuhalten, zählte jetzt jede Sekunde. Das Problem war nur, dass Tante sich einfach nicht rührte! Als mich Rauch in der Nase biss, schlug ich Alarm und bellte so laut, wie ich nur konnte. Endlich schnappte Tante sich eine Decke und warf sie auf die Flammen. Der kleine Brand war augenblicklich gelöscht.

Meine geschockte Bauchtänzerin riss die Schiebetür auf, damit sich der Qualm aus dem VW-Bus verzog. Sie lehnte sich hustend raus, schaute abschätzend in den

Himmel, aber entdeckte nichts als dunkle Wolken. Eiskalter Regen tippte an ihre Stirn.

Angesteckt von der mentalen Dusche, warf sie sich zu mir aufs Bett und umklammerte mich schluchzend. Sie schaute mich an und sagte trotzig: »Wir fahren jetzt nach Ibiza!« Unser neues Reiseziel war geboren.

12. Delfinflüsterer

Für Tante war die lange Fahrt anstrengend. Im Gesicht sah sie schon richtig verhärmt aus. Doch je näher wir dem Mittelmeer kamen, desto milder wurde das Klima, und als sich der Himmel nahezu wolkenlos zeigte, kurbelte Tante ihr Fenster runter und lehnte sich in den direkten Fahrtwind, wobei die verhärteten Gesichtszüge von der Frau abzubröckeln begannen. Sogar der Schatten auf ihrer Seele verschwand, denn der musste einer Kraft weichen, welche ich bei Tante schon lange nicht mehr erlebt hatte: Die helle Freude.

Diese Verwandlung sollte noch nicht abgeschlossen sein. Kaum hatte Tante den Bulli auf der Fähre nach Ibiza eingeparkt, kletterte sie nach hinten, wühlte sich durch ihre Anziehsachen in der Seemannskiste und entblößte sich bis auf ihren Schlüpfer. Zurück kam eine Frau in einem weißen Kleid, mit dem sie wie eine Hippiebraut aussah. Sie hob mich auf ihren Arm, stieg nach oben aufs Sonnendeck und ergatterte einen Sitzplatz mit Blick über die Reling. Dann legte die Fähre vom Festland ab. Tante sog die salzige Seeluft ein und zeigte in ihrem Gesicht ein Lächeln, das von sämtlichen Problemen befreit schien.

Nach einiger Zeit wurden wir aufmerksam auf eine Menschentraube, die sich vornübergebeugt an die Reling

vom Schiffsbug quetschte. Neugierig machte sich Tante mit mir auf den Weg. Delfine! Knapp unter der glasklaren Wasseroberfläche schwamm eine Gruppe neben uns her und hielt verspielt die Geschwindigkeit der Fähre.

So etwas hatte ich noch nie gesehen! Zuerst hielt ich die Luft an, doch in dem Moment, als ein Flipper zum Atmen hochkam, bellte ich aufgeregt los. Daraufhin sprang der biegsame Meeressäuger in hohem Bogen aus dem Wasser heraus und tauchte elegant wieder ein. Und das ganz ohne Beine. Was für eine Provokation! Empört verstummte ich. Diese schmierige Geste konnte ich nicht auf sich beruhen lassen, also begann ich, die Delfinschar mit der geballten Power meiner Stimmbänder nieder zu machen. Zur Antwort sprangen die Delfine wie auf Kommando Allemann gleichzeitig in die Luft! Zu meiner persönlichen Demütigung bewegten sie sich dabei so leichtfüßig wie Athleten. Die Menschen an der Reling applaudierten ihnen begeistert, so fühlte ich mich erst recht pikiert und kriegte mich vor Wut überhaupt nicht mehr ein. Tante versuchte lachend, mir das Maul zuzuhalten, aber ich zappelte mich frei, woraufhin erneut ein Schwall erregtes Gebell auf die Delfine dröhnte. Und wieder hechteten sie gemeinsam aus dem Wasser! Die Leute an Deck begannen amüsiert, den ganzen Quatsch mit ihren Handys zu filmen. Ich dagegen war einem Herzinfarkt nahe!

Meine Gefährtin brachte mich schließlich in den VW-Bus und ließ mich dort allein. Eingeschnappt drehte ich mich in meinem Hundekörbchen auf dem Beifahrersitz zusammen und dachte, dass mich alle mal kreuzweise können. Insbesondere die Delfine!

Nachdem die Fähre angelegt hatte, kam Tante wieder zurück in den Bulli. Sie schmiss den Motor an, legte den ersten Gang ein und knatterte über den Schiffsanleger rauf auf die Insel, doch ich beachtete weder die frohlockende Hippiebraut noch ihr blödes Ibiza! Demonstrativ legte ich meine Schnauze weg von ihr.

Unterwegs auf der Suche nach einem Campingplatz fiel mir auf, dass Tante allerhand Lebensmittel einkaufte, sowie Sonnencreme und zig Flaschen Tinto. Sogar eine Gasbuddel lud sie hinten in den VW-Bus. Anscheinend plante sie auf der Insel Urlaub zu machen. Mir war das völlig egal. Ich würde die restliche Reisezeit, wo auch immer diese stattfinden sollte, einfach absitzen!

Gegen Abend hatte Tante endlich einen passenden Stellplatz gefunden. Da es schon dunkel wurde, baute Tante draußen als Erstes den Gasgrill auf und stellte ihn an. Dann tunkte sie frische Gambas in Olivenöl und legte sie nebst einem mit Knoblauchbutter bestrichenen Baguette auf den zischenden Rost. Wenige Minuten später kam Tante zu meinem Schmollposten und brachte mir ein paar Meeresbewohner in gegrillter Form. Die Frau versteht mich. Peace!

13. Am Strand von Ibiza

Tante schlief noch, als mich im Morgengrauen ein ganz leises Getrappel auf unserem VW-Bus weckte. Für Menschen war das kaum zu hören, also knurrte ich dezent, um die Schnarchnase von unserem ungebetenen Gast in Kenntnis zu setzten. Sofort flog ein Kissen in meine Richtung, das mich knapp verfehlte. Die Trippelgeräusche auf dem Dach wurden kurzzeitig etwas lauter, aber Tante pennte stumpf weiter. Nervös fing ich an zu bellen, woraufhin die Señora sich mit dem Oberkörper halb aus dem Bett hievte, die Schiebetür aufzog und mich angähnte.

»Geh ohne mich Dehdeh machen, aber bleib schön in der Nähe, klar Raffi?«

Taube Nuss.

Mit einem Satz war ich aus dem Bus rausgesprungen und beschnüffelte ihn von allen Seiten, um eine Fährte unseres blinden Passagiers aufnehmen zu können. Schnell bekam ich seine Witterung, und mein mit Superkraft ausgestattetes Riechorgan begann zu analysieren.

In der Kopfnote vernahm ich Erde, die Herznote verströmte einen Hauch von Insektenblut und als Basisnote eröffnete sich mir die Assoziation von schuppiger Haut. Ganz und gar merkwürdig unser Besucher, doch als ich auf dem Bulli weiter oben eine Handvoll Geckos entdeckte, löste sich das Mirakel auf. Ich überlegte, ob ich sie lauthals verscheuchen sollte, aber aus strategischen Gründen hielt ich mein Maul. Tante befand sich noch immer im Schlummerland, und die Gelegenheit, allein unsere neue Location zu erkunden, reizte mich mehr als alles andere, und schon war ich ausgebüxt.

Der Stellplatz war ein wenig ab vom Schuss, punktete jedoch mit direkter Strandlage und Blick aufs offene Meer. Tante hatte am Vorabend den VW-Bus quer zur Brandung abgestellt – also die Schiebetür zur Meeresseite. Somit bildete die Sandfläche dazwischen eine Terrasse. Darauf hatte sie die Seemannskiste gewuchtet und eine Sonnenliege ausgeklappt. Ausreichend Schatten spendeten Pinienbäume, dessen Zweige sich über der Terrasse wie eine Markise ausbreiteten.

Neugierig lief ich runter zum Wasser, um mir einen Überblick von dem gesamten Campingplatz zu verschaffen. Dieser erstreckte sich über einige Hundert Meter am Strand entlang in einem Pinienwald. Reihenweise mobile Camper waren um diese Jahreszeit noch nicht am Start, aber dann entdeckte ich den Kernbereich des Campingplatzes, der alles andere als spillerig erschien.

Hier wurde ein wenig Glamping zelebriert. Die Gästeunterkünfte waren mietbare Bauwagen, dessen Außenwände man in Pastellfarben gestrichen und mit Panoramafenstern versehen hatte. Kristalllüster und hochwertige Retromöbel zierten die Wohnräume. Sogar umgebaute Zirkuswagen konnte man beziehen. Ein doppelstöckiger Omnibus diente als gemeinschaftlicher Salon und die offene Etage darüber als Sonnendeck. Zum Wasser hin befand sich eine breite, aus Holz gezimmerte Strandbar, bestückt mit edlen Kühlschränken und bemalt mit Hibiskusblüten. Mir war das alles zu bunt, aber Tante erhoffte sich auf diesem Campingplatz wohl etwas Erholung.

Am Ende des Campingplatzes angekommen, bekam ich einen wahnsinnig verführerischen Geruch in die Nase. Auf einem Felsen im Wasser saß eine kleine Hündin wie eine Meerjungfrau und leckte ihr nasses Fell! Sirenengesang schoss durch meinen Schädel, und sogleich schwebte ich der Dame willenlos entgegen. Ich erkannte, dass sie eine Streunerin war. In ihren Augen glühte Wildheit gepaart mit Einsamkeit. Vorsichtig sprach ich sie an. Leider verstand sie wohl nur Spanisch, denn meine Flirtversuche perlten ungeachtet von ihr ab.

Wir Dackel unterhalten uns mit anderen Hunden in der animalischen Sprache, denn ein menschenähnliches Bewusstsein hat sich bisher nur bei unserer Rasse entwickelt. Trotzdem können wir uns mit den Vierbeinern verständigen, denn schließlich besitzen alle Hunde eine Seele. Die Fähigkeit zu abstraktem Denken macht uns Dackel keineswegs besser. Wir sind alle aus ein und derselben Ursuppe geschöpft worden, und bloß weil eine Kelle davon etwas mehr gepfeffert wurde, heißt das noch lange nicht, das sie auf einer höheren Ebene ausgegossen wurde.

Es dauerte eine Weile, bis die Streunerin zutraulicher wurde und wir über den Strand toben konnten. Als ich versuchte, ihr näherzukommen, fletschte sie ihre Zähne und schnappte nach mir. Was für ein Rasseweib! Augenblicklich hatte ich mich in die Mischlingshündin verknallt.

Nach einiger Zeit hörte ich Tante aus der Ferne meinen Namen rufen. Ich drehte mich zu ihr um und sah sie von

Weitem auf mich zugerannt kommen. Schnell wandte ich mich wieder der Streunerin zu, um ihre Reaktion auf die für sie fremde Frau abzuschätzen, doch die Hündin war wie vom Sandboden verschluckt. Nur in meinem Herzen hinterließ sie einen Abdruck von Zuneigung, und ich hoffte inbrünstig, dass wir uns noch einmal begegnen könnten.

Nachdem Tante mich erreicht hatte, hob sie mich erleichtert hoch und schleppte mich zurück zum VW-Bus. Erst auf der Terrasse setzte sie mich ab und ermahnte mich in einem zackigen Ton, nicht noch einmal auszukneifen. Daraufhin guckte ich gaaaaaanz schuldbewusst auf meine Vorderpfoten, woraufhin die Zweibeinerin dahinschmolz und mich aufmunternd hinterm Ohr kraulte.

Um diese Uhrzeit schliefen noch alle auf dem Campingplatz. Tante nutzte die Gunst der Stunde, um sich nackt ins Meer zu stürzen. Sie zog sich aus, tauchte in die Wellen und kraulte mit starkem Armkreisen weit raus. Eigentlich bin ich mehr so die Landkrabbe, doch weil das Mittelmeer viel einladender aussah als die Nordsee, folgte ich Tante. Leider konnte ich mit meinem kläglichen Hundeschwimmstil die Fluten nicht so gut bezwingen wie Tante und musste in der Nähe des Ufers bleiben. Dennoch genoss ich es, wie das Salzwasser meinen Körper schwerelos machte und mein verstaubtes Fell klärte. Hinterher fühlte ich mich wie neu geboren.

Als Tante wieder an Land kam, glitzerten Tausende von Wassertropfen wie Morgentau auf ihrer Haut, und die Frau strahlte, als hätte sie ein galaktischer Stern geküsst. Bei ihr wirkte ein Bad im Meer anscheinend stark energieaufladend.

Nach dem Schwimmen wickelte Tante sich in ein Hammamtuch und gesellte sich zu mir auf die Sonnenliege.

Eine warme Brise wehte durch unser Dach aus Kieferngewächs, das uns mit einem wohltuenden Aroma verwöhnte. Wir begannen zu chillen.

Der wiederkehrende Rhythmus der brandenden Wellen hörte sich an wie beruhigendes Harfenspiel, spülte jeden Stress hinfort und erfüllte uns mit reinem Urlaubsfeeling. Manchmal vernahmen wir den Ruf eines exotischen Vogels, dessen Klang sich sphärisch über den Strand ausbreitete.

Tante ging während des Tages noch einige Male schwimmen, allerdings trug sie dann einen Bikini. Der sah ganz lustig aus, hatte eine extrem hohe Taille und Kolibris schwirrten darauf herum.

Zum Sonnenuntergang öffnete die Frau feierlich ihre allererste Flasche Tinto. Als die letzten Lichtstrahlen des Tages durch ihr Glas fielen, vermischte sich ein dunkles Weinrot mit pinken Nuancen und dem Geräusch der ewigen Brandung.

14. Wundertüte Hippiemarkt

Nach unserem entspannten Tag am Meer hatte Tante wieder reichlich Hummeln im Hintern! Wir brummten mit dem Bulli zu einem Hippiemarkt. Dort angekommen, wurden wir sofort erschlagen von Räucherstäbchen und schreienden Farben. So harmonisch begrüßt, erwartete ich echten Blumenkindern zu begegnen und machte mich innerlich bereit für Unmengen »Friede, Freude, Eierkuchen«.

In den 60er-Jahren zog Ibiza viele Hippies an. Immer mehr Batikkaftans, Schlapphüte und Jesuslatschen streiften durch das balearische Paradies. Nach und nach ließen sich die Blumenkinder fest auf der Insel nieder. Um sich spirituell oder kreativ auszutauschen, trafen sie sich regelmäßig auf bestimmten Plätzen. Nebenbei verkauften sie dann auch kleine Gerichte zum Essen an Touristen sowie selbst gefertigte Handarbeiten und verbesserten auf diese Weise ihren Lebensunterhalt. Mit der Zeit entstanden aus diesen Treffen sogenannte Hippiemärkte, die in höchstem Maße zu florieren begannen. Heutzutage öffnen sich ihre bunten Pforten für ganze Heerscharen von Besuchenden.

Tante blieb an nahezu jedem Verkaufszelt ein Weilchen stehen. Enttäuscht registrierte ich, dass keine Händlerin oder Händler aus der Generation Love & Peace stammte. Darüber hinaus waren die meisten Sachen, die man kaufen konnte, nicht selbst gemacht, sondern aus Asien importiert, wie zum Beispiel Flipflops, luftige Saris, Blumenkränze fürs Haar, Traumfänger und kleine Buddhas aus Stein, dennoch waren sie hübsch ausgesucht.

Den esoterischen Krimskrams des Marktes ließ Tante links liegen, was mich wunderte, denn ich hatte die Weltenbummlerin um einiges aufgeschlossener gegenüber dem Übersinnlichen eingestuft, stattdessen interessierte sie sich für die Anziehsachen des Hippiemarktes, die es hier in Hülle und Fülle zu kaufen gab. Wer wollte, konnte ein paar Stunden aus dem europäischen Einheitslook aussteigen, sich für ein paar Scheine komplett zum Hippie umstylen lassen und mit den anderen Touristen stundenlang wie richtige Blumenkinder leben, begleitet von Trommlern und Didgeridoospielern sich lächelnd dem Spirit öffnen.

Für mich war das weit von den Ursprüngen der Hippiebewegung entfernt, aber Tante war begeistert und ließ sich darauf ein. Und weil sie sich auf Ibiza ohnehin mehr als sonst wie ein Hippie kleidete, reichten einige deutliche Accessoires. Sie zerbombte ihre Lockenmähne mit farbverschiedenen Dahlien, kaufte sich goldene Kreolen und einen Stapel klimpernde Armreifen. Für mich besorgte sie eine cremefarbene Federboa und tüdelte sie locker um meinen Hals. Immerhin keine in Rosa!

Nach weiterem Herumschlendern kamen wir zu einem kleinen Verkaufszelt, das sich ganz und gar als große Überraschung entpuppte. Die Besitzerin war alt, trug ihr langes graues Haar mit einem Mittelscheitel und hatte eine stark sonnengegerbte Haut. Ihr Gesicht war von tiefen Falten durchzogen, welche vom Kummer und Lachen eines ganzen Lebens zeugten, und darin schillerte ein grünes Paar Augen.

Ich hatte noch nie eine so wunderschöne Frau gesehen! Sie überstrahlte die Härte des menschlichen Daseins mit echter Freundlichkeit und Würde. Gleichzeitig nahm ich an, einen Hippie von damals vor mir zu haben, der sich allerdings in den letzten Jahrzehnten weiterentwickelt hatte und über die einstige Naivität der Blumenkinder hinausgewachsen war.

Tante jedoch beachtete lediglich den selbst gebastelten Perlenschmuck dieser Frau, der sich fein und fantasievoll auf ihrem Ausstellungstisch präsentierte, solange bis etwas wirklich Bemerkenswertes passierte.

Die Frau ergriff Tantes Hand und behielt sie liebevoll in ihrer eigenen, so begegneten sich die Blicke der beiden Damen für eine gefühlte Ewigkeit. Wie vom Donner gerührt, traf dabei etwas in Tantes Herz, denn plötzlich begann sie zu weinen, und etwas von ihrem Schmerz, den sie jeden Tag unserer Reise so mühevoll zu verdrängen versuchte, quoll aus ihr heraus. Wissend hatte die Frau mit ihrer alten Seele etwas davon gesehen und tröstlich bewegt. Ganz ohne Worte.

Nachdem sie der heulenden Tante ein Schnapsglas mit Anislikör eingeflößt hatte, fasste diese sich schnell wieder. Und beim zweiten Gläschen fiel Tantes Aufmerksamkeit runter auf meinen verstörten Dackelblick, der durch die umrahmende Federboa wohl recht unterhaltsam ausgesehen haben musste, denn sogleich schallte ein glockenhelles Lachen über den Hippiemarkt. Zwar klingelte es danach in meinen Ohren, aber ich war happy, dass Tante ihr typisches Lachen endlich wiedergefunden hatte.

15. Clubbing Garten Eden

Wir schlossen Freundschaft mit der lieben Hippieoma und blieben den restlichen Tag bei ihr.

Ursprünglich stammte Layla aus Berlin und ist kaum älter als Tante gewesen, als sie nach Ibiza kam. Sie erzählte von ihrem Leben und gab uns dabei auch massenhaft Insidertipps für unseren Urlaub auf der Insel. Als der Hippiemarkt sich dem Ende zuneigte, packten wir den Verkaufsstand gemeinsam zusammen, und Layla lud uns kurzerhand zu dem privaten Klub ein, von dem sie uns vorgeschwärmt hatte.

Jene Kultlocation war in den 70er-Jahren entstanden. Spontane Jamsessions mit Hippies zierten den Garten der betagten Finca auf dem Lande, wurden immer größer und erblühten zu einer bohèmen Mischung. Sogar Stars wie Janis Joplin und Jimmy Hendrix sollen erschienen sein, auch Bandmitglieder von den Rolling Stones. Heute wird die Klubanlage zwar professionell betrieben, doch noch immer ist sie von dem Flair ihrer Vergangenheit überwuchert.

Als wir auf dem Weg dorthin mit dem VW-Bus über die einsamen Landstraßen von Ibiza gurkten, saßen beide Blumenkinder vorne und ich auf Laylas Schoß. Die

Schiebetür hatte Tante wegen der tollen Abendluft offengelassen, und so wirbelte herrlicher Fahrtwind graue Strähnen, blonde Locken und meine Schlappohren durcheinander.

Wir parkten direkt vor der legendären Finca. Der Mond ließ ihre kubischen Formen und weißgekälkten Wände leicht erstrahlen, ansonsten leuchteten uns Fackeln den Weg zum hinteren Bereich der Klubanlage. Dort angekommen, betrachteten wir den abschüssigen Garten, der sich vor uns erstreckte.

Die Hippieoma hatte wirklich nicht zu viel versprochen. Allein der Garten des Klubs war eine Wucht. Er war umschlossen von alten Bäumen, dessen knorrige Stämme und Äste im Mondlicht eine mystische Silhouette hatten. An einigen Ästen hingen Lampions. Unterhalb der Bäume wuchsen Agaven und blühende Kakteen, die räumliche Nischen bildeten, in denen Accapulcochairs in den schrägsten Farben standen. Der Eyecatcher des Gartens jedoch war ein Swimmingpool mit rundlichen Ausbuchtungen, der trockengelegt zu sein schien. Auf den ausgeleuchteten Stufenflächen, die früher als seichter Einstieg ins Wasser gedacht waren, saßen Klubgäste mit ihren Drinks. Der Boden des Pools, der aus einem gekachelten Mandala bestand und farblich schon etwas verblichen war, diente den Leuten als Tanzfläche. Ein Plattenwender legte softe elektronische Musik auf. Viele Clubber waren nicht anwesend, aber das machte die Sache schön familiär.

Die Hippieoma verschwand in der Finca und kam sogleich mit einem Glaskrug voll eiskalter Sangria zurück. Dann setzten sich die beiden Frauen auf ein verschrammeltes Sofa und versanken in ein Gespräch über Gott und die Welt.

Ich machte es mir neben der Hippieoma bequem und beobachtete Tante. Mir fiel auf, dass sie oft lächelte. Wir waren schon fast zwei Wochen in Europa unterwegs, hatten unter anderem ihre Freundin in Amsterdam und das frühlingshafte Paris bereist, aber nirgendwo habe ich Tante gelassener erlebt als hier auf Ibiza. Dennoch spürte ich, dass ihr Trauma noch immer in ihr schwelte.

Mittlerweile hatte ich auf Tantes Smartphone fast alles, was die Wissenschaft über diese psychische Belastung in Erfahrung bringen konnte, gelesen und wusste, dass Traumatisierte es um jeden Preis vermieden, ihre schreckliche Vergangenheit durch sogenannte »Trigger« erneut erleben zu müssen. Solche Auslöser stoßen Erinnerungen wach und versetzen die Betroffenen zurück in ihr Trauma. Diese Zustände sind für Betroffene kaum auszuhalten. Paradoxerweise stellt die Aufarbeitung, also ein bewusst hergestellter Kontakt zu dem Erlebten, die beginnende Heilung für Traumatisierte dar. Anders kann man eine körperliche Verletzung auch nicht verarzten. Ein Knochenbruch muss gerichtet und abgeschürfte Haut desinfiziert werden, wenngleich diese Berührungen zutiefst schmerzhaft sind.

Tante wich einer solchen Konfrontation aus und rannte davon. Mit ihrem Hippieleben auf Ibiza verstärkte sie dieses Dilemma, denn hier flüchtete sie sich in eine Welt voller Illusionen, anstatt sich der Realität zu stellen. Für mich ging das allerdings in Ordnung. Tante brauchte eben ihre Zeit. Andererseits verfügte ich über kein Röntgenbild von ihrer Seele und wusste nicht, wie schlimm es tatsächlich um ihre Verletzung stand. Und diese Unsicherheit schlängelte sich permanent durch meine Gedanken und zischelte mir Sorgen in den Verstand.

Spät in der Nacht waren wir zurück auf unserem Campingplatz. Wie gewohnt wollte ich mein Logbuch schreiben, konnte mich aber nicht konzentrieren. Tante hatte es sich auf Ibiza zur Angewohnheit gemacht, die Schiebetür vom VW-Bus nachts aufgezogen zu lassen, damit sie jederzeit das Meer sehen konnte. Das war kein Problem, weil die Frau einen guten Wachhund an ihrer Seite hatte, trotzdem blieb der VW-Bus für nächtliche Strandspaziergänger einsichtig. Somit musste ich nicht nur darauf achten, dass Tante während meiner Arbeit am Laptop tief und fest schlief, sondern auch, dass mich keine vorbeilaufenden Leute beim Tippen erwischten. Heute waren es aber hauptsächlich meine kreisenden Gedanken um Tante, die mich vom Schreiben abhielten. Dabei wusste ich nicht einmal, in welcher Beziehung wir zueinanderstanden und ob mein Kummer standesgemäß war. Ich klappte den Laptop zu und schaute raus aufs Meer, das sich seicht im Schein des untergehenden Mondes wellte.

Mein Frauchen war Tante nicht, das würde sie auch niemals werden. Ich besaß bereits ein Herrchen und das war ihr Vater. Jetzt auf dieser Reise hat natürlich seine Tochter das Sagen, aber ich gehorche ihr nur, weil ich instinktiv merke, dass sie für das typische Aufbegehren eines Dackels keine Kraft aufbringen könnte. Fest steht, dass Tante und ich uns gut ergänzen und eine besondere Fusion eingegangen sind. Aufgrund ihrer unkonventionellen Art lässt sie mir den Freiraum, den ein Dackel eben braucht und im Gegenzug akzeptiere ich ihre Verrücktheiten. Wir mögen uns doch, genau genommen sind wir keine Freunde, weil wir durch meine Adoption rechtlich miteinander verwandt sind. Herrchen und seine Frau haben mich zu ihrem Nesthäkchen gemacht, demnach habe ich zwei große Schwestern. Das bedeutet, dass ich Tantes kleiner Bruder bin. Nur so richtig will diese Rechnung auch nicht aufgehen, denn ich bin schon etwas über vier Jahre alt – in Hundejahren umgerechnet fast dreißig. Somit bin ich in Wirklichkeit Tantes großer Bruder!

Diese plötzliche Erkenntnis jagte einen nie gekannten Stolz durch meine Venen. Meine Brust pumpte sich auf, und meine Nasenspitze hob sich hoch in den Himmel. Gleichzeitig war ich total gerührt. Ich, ein großer Bruder! Sofort übernahm ich die Verantwortung für meine kleine durchgeknallte Schwester und sperrte sie mit allem drum und dran und ein für alle Mal in mein Herz!

16. Meeresfrüchte

Am nächsten Tag cruiste Tante im VW-Bus die Nordküste Ibizas entlang, stets auf der Suche nach den Stränden, die Layla ihr empfohlen hatte. Wann immer ihr einer zusagte, hielt sie an, stiefelte barfuß durch den knirschenden Sand zur Brandung und stürzte sich in die Gefilde Poseidons.

Einmal gerieten wir dabei in einen Bereich für Freikörperkultur! Natürlich zog Tante spontan blank und mischte sich unter das lustige Nudistenvolk. Mir machte der Anblick von menschlicher Nacktheit grundsätzlich nichts aus, doch als ich heute bückende Muschelsammler und Sonnenanbeter mit diversen gespreizten Beinhaltungen beobachtete, bekam ich ungewohnt viele Einblicke in ihre Schamgegenden. Fortan hielt ich meine Augen lieber aufs offene Meer gerichtet! Insgeheim beglückwünschte ich mich dazu, ein Hund zu sein, denn Mutter Natur hat unsere Art definitiv ästhetischer angezogen, gleichwohl ich mir eingestehen musste, dass das freizügige Baden für Menschen ein Riesenspaß sein musste.

Nach einer halben Stunde verwünschte ich mein Fell, vor allem, weil es an diesem Strand keinen einzigen Schattenplatz gab und ich mir vor Hitze fast die Lunge aus dem Leib hechelte. Tante machte derweil mit Poseidon rum. Erst als sie aus dem Wasser kam, bemerkte sie meinen Zustand, zog sich schleunigst etwas über und brachte mich zurück zum VW-Bus.

Wir fuhren in ein Dorf und hielten vor einem einheimischen Restaurant. Der vordere Bereich bestand aus einem Innenhof, in welchem schattige Bäume wuchsen. Tante schien das rustikale Ambiente zu gefallen, also gingen wir rein. Wie sich herausstellte, war die Adresse in vielerlei Hinsicht ein Volltreffer.

Bereits in den 60er-Jahren galt das Gemäuer als historisch, aber dass es sich in jener Zeit zu einer Institution der Hippiebewegung auf Ibiza entwickelte, lag nicht nur an seiner ursprünglichen Atmosphäre, sondern auch an den mietbaren Postfächern und der Telefonkabine der damaligen Dorfkneipe, welche von den Aussteigern als eine Verbindung zur Außenwelt genutzt wurden. Sie beantworteten Briefe, telefonierten in die Heimat und tranken zwischendurch mit den anderen Besuchenden einen Absinth. Das Wirtshaus entwickelte sich zu einer Art Knotenpunkt für die auf der Insel lebenden Hippies. Hier fühlten sie sich losgelöst und streuten ihre blumigen Gedanken in die ganze Welt.

Tante schien von dem geschichtsträchtigen Lokal völlig hingerissen zu sein. Und nachdem sie dann auch noch die Glastheke mit Tapas entdeckt hatte, ließ sie sich einen üppigen Teller mit Meeresfrüchten, Oliven, frischem Bauernbrot und Aioli zusammenstellen. Dazu nahm sie noch ein spanisches Bier, jonglierte alles zu einem freien Tisch im Innenhof und begann zu schlemmen.

Besteck klapperte auf Geschirr und schon fiel ein Stück gegrillter Calamares auf den Steinboden! Ich stürzte mich darauf und kaute hastig auf der gnitschigen Konsistenz herum. Gleich darauf landete neben meiner Pfote ein Rest Languste! Sofort schnappte ich mir das saftige Teil und schluckte es gierig runter. Was für ein Hochgenuss! Aber als dann frittierte Sardellenhaut vor meine Schnauze klatschte, hatte ich plötzlich einen recht detaillierten Flashback vom FKK-Strand! Alles war wieder da. Vom Meeresrauschen und der unerträglichen Hitze bis hin zum Anblick menschlicher Genitalien. Sofort musste ich heftig würgen und husten. Tante klopfte mir auf dem Rücken herum, und die Bedienung brachte einen Napf mit Wasser, doch nichts davon half. Besorgt nahm Tante mich auf den Arm und verließ das Lokal.

Schräg gegenüber stand eine blütenweiße Kirche im typisch ibizenkischen Stil, die ein kühles Klima und etwas Ruhe versprach. Drinnen stellten wir überrascht fest, dass wir die einzigen Besucher waren. Tante setzte sich mit mir auf eine Holzbank und streichelte mich sachte, was meine gereizten Nervenbahnen wieder einigermaßen glättete. Keine Ahnung, was zur Hölle in mich gefahren war! Jedenfalls erfüllte die Kirche ihren Zweck voll und ganz.

Diese hier war sogar auffallend schön. Nirgendwo sah man Gemälde mit leidenden Menschen oder einen Altar mit übermässig viel Tand. Die Kirche wirkte lediglich durch etwas Sonnenlicht, das durch ein paar Fensteröffnungen auf die gekälkten Wände fiel. Trotzdem fühlte man sich in diesem Raum zur Besinnlichkeit eingeladen.

Da saßen wir also mitten in dem weißen Kirchenschiff

und trieben eine Zeit lang durch absolute Stille, bis Tante auf einmal wie in Zeitlupe hinter sich blickte. Zuerst dachte ich, dass sie ihre Halsmuskulatur dehnen wollte, aber dann roch ich tonnenweise Stresshormone durch ihren Körper strömen, so als würde gleich etwas Superbedrohliches auf uns zukommen. Jedes Einzelne meiner Fellhaare richtet sich auf und mein Herz begann laut zu klopfen. Vorsichtig schaute ich mich in der Kirche um, konnte aber nichts und niemanden sehen.

Tante hingegen brach der kalte Schweiß aus. Sie riss mich an sich und rannte aus dem Gebäude. Später wurde mir klar, dass sie irgendetwas getriggert haben musste.

17. Rezept gegen Geister und Dämonen

In den nächsten Tagen unternahmen wir nichts und blieben an unserem Strand. Ich nutzte die Gelegenheit, um meine bisherigen Logbucheintragungen in fließende Texte zu verwandeln, denn einige bestanden lediglich aus Stichpunkten. Seit der Bretagne hinkte ich mit dieser Arbeit hinterher, also entschloss ich mich Kraft meiner mir selbst verliehenen künstlerischen Freiheit, sämtliche Einträge kurz zu gestalten und manche Tage inhaltlich zu überspringen. Ich kam gut voran. Natürlich war es auch anstrengend, die Nächte durchzuschreiben, aber zum Ausgleich dessen machte ich es wie die anderen Dackel, die schriftstellerisch arbeiteten und döste tagsüber mehr als sonst. Ich fand Gefallen an diesem Leben von Kunstschaffenden, doch die Tätigkeit des Schreibens selbst beflügelte mich. Wenn ich mich vollkommen in einen Text versenkte, erschloss sich mir eine grenzenlose Bewegungsfreiheit. Ich fühlte mich so unbeschwert wie ein Windhund, der mit seinen langen Beinen über ein Feld hinweg preschte, ohne dabei den Boden zu berühren.

Tante dagegen kämpfte vermehrt mit ihrem Trauma. Ihre Vergangenheit hatte sie mehr denn je eingeholt

und schien sie in Form von unsichtbaren Kreaturen zu bedrängen. Sie schützte sich vor diesen bösen Geistern und Dämonen, indem sie sich in die tiefsten Tiefen ihres Schneckenhauses zurückzog. Sie isolierte sich, hing viel im VW-Bus ab und vermied jede unnötige Begegnung mit anderen Menschen. Ich konnte in diesen schlimmen Phasen nichts weiter tun, als ebenfalls in ihr Schneckenhaus zu kriechen und sie mit meiner Anwesenheit zu trösten.

Damit Tante gar nicht erst in solche Zustände abrutschte, versuchte sie den schönen Dingen des Lebens mehr Raum zu geben. Die raue See, Sterne gucken, spontane Touren mit dem VW-Bus, ein gutes Buch, kuscheln mit mir und seit neuestem Kochen in der freien Natur!

Heute brachte Tante vom Wochenmarkt sogar Miesmuscheln mit, dessen Zubereitung mir aufgrund unserer bescheidenen Campingküche unmöglich erschien, doch die Köchin belehrte mich eines Besseren.

Sie legte die verschlossenen Muscheln in einem Sieb, ging runter zum Strand und wusch sie in der Brandung. Die kaputten Schalentiere sortierte sie aus. Anschließend fachte sie die Flamme vom Gasgrill an, stellte oben auf die Kochfläche einen Topf und ließ darin ein Stück Butter schmelzen. Dann kamen Gemüsezeugs und Gewürze dazu. Mit reichlich Weißwein löschte sie den Topfinhalt ab, was ein zischend brodelndes Geräusch gab und eine mächtige Dampfwolke in den Himmel aufsteigen ließ. Miesmuscheln rein, Topfdeckel drauf, und so köchelte alles in Ruhe vor sich hin. Langsam entfaltete sich das herzhafte Aroma von Muscheln in Weißweinsud.

Nachdem sich alle Miesmuscheln geöffnet hatten, probierte Tante ihr Gericht, und wie nach einem dichten Seenebel tauchte in ihrem Gesicht plötzlich ein Lächeln auf. Alle Geister und Dämonen hatten sich verzogen.

18. Lucy in the Sky with Diamonds

Nachts hing der Mond wie eine Wohnzimmerlampe knapp über dem einsamen Strand. Aus dem VW-Bus drangen Songs von den Beatles. Tante lag auf der Sonnenliege, hatte die Arme hinterm Kopf verschränkt und betrachtete die Unendlichkeit der Milchstraße. Ich gesellte mich neben sie in den noch warmen Sand und versank mit Tante in dem glitzernden Weltraum über uns.

Sterne existieren unzählige Lichtjahre weit entfernt, doch berühren sie uns jede klare Nacht aufs Neue. Die schönen Himmelskörper reiben sich an unserer Seele und hinterlassen ein Gefühl, das mit Worten nicht zu beschreiben ist. Dabei begegnen sie uns eigentlich in der Vergangenheitsform. Ihr Licht braucht Ewigkeiten, um auf unseren Planeten zu gelangen. Manche von ihnen sind sogar schon tot und erloschen, wenn wir uns an ihrem lebhaften Funkeln erfreuen.

Heute Nacht aber bekam ich das Gefühl, dass da draußen etwas anders war als sonst. Auch Tante schien es zu bemerken und richtete sich auf. Ein Glimmen in der See! Zuerst dachte ich, dass sich Sternschnuppen im Meer spiegelten, doch wir hatten heute noch gar keine gesehen.

Neugierig schritten wir runter zur Brandung. In der Gischt entdeckten wir feine bläuliche Funken – ganz unverkennbar ... Meeresleuchten! Tante zog ihre Fußspitze durchs Wasser und hinterließ darin einen Schweif aus glühenden Punkten.

»Oh wie geil, Raffi, lass uns schwimmen gehen!«
Das machten wir.

Weil die lumineszierenden Algen bei Kontakt aufblitzen, planschte und paddelte Tante wie ein Irre durch die Fluten. Ich strampelte mit meinen kurzen Beinen angestrengt hinter ihr her. Tausende winzige Bewegungsmelder um uns herum sprangen an und verwandelten die Tiefe des Meeres in eine flimmernde Masse voller Sterne. Es war ein fantastischer Anblick. Wir schwebten in dieser leuchtenden Galaxie, und zugleich dehnte sich das Universum über uns in seiner ganzen Pracht aus. Optisch trieben wir im Mittelpunkt einer gigantischen kosmischen Explosion. Wir verloren uns in Raum und Zeit. Tante griff nach den Sternen und berührte sie.

19. Anime

Unser hippiemäßiger Campingplatz hatte auch ein Animationsprogramm! Yoga bei Sonnenaufgang, Meditation für Unerfahrende und Bodypainting am Strand. Letzteres testeten wir als Erstes aus.

Die Bretterbude, die abends als Bar fungierte, hatte das Animationsteam umgeräumt und mit jeder Menge Pinseln, Farben, Schablonen, Streuglitzer und Schminkschwämmchen ausstaffiert. Zur Brandung hin standen mannshohe Sonnenschirme aus kornblumenblauem Bast bereit, um willige Gäste darunter zu beherbergen. So nun auch Tante!

Weil sie ihren Bikini mit den Kolibris drauf anhatte, schlug ihr Bodypainter vor, dieses Thema aufzugreifen und Blüten auf die restliche freie Haut zu malen, damit es so aussähe, als würden jene winzigen Vögel die Blüten zur Nektarsuche umschwärmen. Tante fand die Idee Weltklasse, also legte der Künstler los.

Mir missfiel die Situation. Ein fremder Mann wieselte um Tante herum und bepinselte ihre nackten Stellen. Auch entging mir nicht, dass der Kerl es wagte, meine kleine Schwester frech anzuflirten! Ich hatte den Schmierfink im Geiste sofort gefressen, aber Tante schien sich amüsiert mit ihm zu unterhalten. Mit Argusaugen überwachte ich jede kleinste Bewegung des Bodypainters, nur eine falsche davon und ich würde augenblicklich Hackfleisch aus ihm machen!

Als er schließlich tupfend immer dichter an Tantes Busen kam, konnte ich es nicht mehr aushalten und knurrte und bellte ihn an.

»Hey, du bist ja ein ganz Stürmischer, was?«, meinte eine Animateurin. Unbeeindruckt von meiner Drohgebärde hockte sie sich neben mich in den Sand und streichelte mein Fell.

»Wie wäre es, wenn wir dir ein Leopardenmuster verpassen? Dann siehst du aus wie eine Wildkatze!«

Was? Nein ... Bitte nicht!! Doch ehe ich mich versah, hatte Tante vergnügt ihre Zustimmung gegeben und sich jemand mit einer Airbrushpistole über mich hergemacht. Leopardenflecken all over! Das Finish war eine Prise Glitzer, die über meinen Rücken rieselte.

»Süüüüüüüüüß!«, »Wie niedlich!«, und »Och, der ist aber goldig!« säuselten die Menschen um mich herum. Der totale Albtraum eines jeden Rüden! Mir wurde ganz schlecht bei der Vorstellung, die sexy Streunerin könnte just in diesem Moment am Strand vorbeikommen und mich so peinlich bemalt sehen. Ich sah aus, wie ein zu klein geratener Jaguar! Ein wenig Trost spendete die Erkenntnis, dass ich genauso gut Bambi oder ein Marienkäfer hätte werden können.

Tantes Bodypainting hatte eine völlig andere Wirkung auf die Leute. Ihr gesamter Körper war mit exotischen bunten Blüten überzogen und Kolibris schwirrten mit ihren Rüsseln auf der Suche nach Nektar um sie herum. Es war ein Meisterwerk, dennoch konnte man sich stellenweise einer gewissen Doppeldeutigkeit nicht erwehren.

Voll der versaute Bodypainter! Den Männern am Strand fielen fast die Augen raus, aber Tante lachte bloß.

Nachdem das Animationsteam mit ihrer Polaroidkamera endlich ein Foto von uns beiden gemacht hatte, rannte Tante ins Meer, um sich die Lebensmittelfarbe wieder abzuwaschen. Dabei zog sie eine lange Schleppe milchiger Farben durch das Wasser hinter sich her.

Ich schüttelte mir den Glitzer vom Rücken und stürzte hinter ihr her. Natürlich nicht ohne dem Bodypainter vorher beide Stinkefinger gezeigt zu haben!

Gegen Abend erklang ein seltsamer Gong über den Strand. Ich wusste sofort, was mir jetzt blühte.

Tante stand von der Sonnenliege auf, schnappte sich ihre zuvor gepackte Tasche und eilte mit mir zu einem abgelegenen Stück Strand des Campingplatzes, wo das Animationsteam schon mehrere Bodenkissen zu einem Kreis im Sand ausgelegt hatte. Sie ließ sich im Schneidersitz auf einem davon nieder, packte eine Decke neben sich und wies mich an, darauf Platz zu nehmen. Ein Schneidersitz ist mir anatomisch bedingt nicht möglich, also hockte ich mich hin wie eine Sphinx und schlug meine Vorderpfoten elegant übereinander. Meditationshaltung ... check!

Ein junger Animateur mit Waschbrettbauch ging am Strand herum und fischte erfolgreich Camper aus ihrer Sonnenlethargie heraus, bis unser Kreis vollständig geschlossen war. Offensichtlich mimte der Kerl unseren Guru.

»Willkommen in unserer Runde Meditation für Anfänger!«, begrüßte er uns. »Bitte folgen Sie meinen Anweisungen ganz entspannt. Um Leistung, Erfolgsdruck oder Perfektion geht es hier überhaupt nicht, stattdessen beruht die Übung darauf, alles Mal loszulassen. Leeren Sie ihren Geist! Konzentrieren Sie sich nur auf Ihre Atmung. Sollten Gedanken oder Bilder in Ihrem Kopf auftauchen, bewerten Sie diese nicht, sondern lassen Sie diese wie Wolken am Himmel vorbeiziehen oder vom Meeresrauschen davontragen. Als kleine Hilfe werde ich zwischendurch mit einer Klangschale bei Ihrem Bewusstsein anklopfen, damit Sie Ihre Aufmerksamkeit leichter ins Nichts zurückversenken können. Schließen Sie nun Ihre Augen.«

GOOOONNNNNNNNNNG …

Donnerschlag! Ich war nun echt schon lange mit Tante unterwegs und so einige schrullige Aktionen von ihr gewöhnt, aber dieser hirnverbrannte Humbug schien mir ein ganz neues Level zu sein! Ich schaute argwöhnisch zu Tante hoch, doch die befand sich bereits im Nirwana. Treuste Seele die ich bin, schloss ich meine Augen und folgte ihr.

Einen kurzen Moment schaffte ich es absolut nichts zu denken, aber dann schwirrte mir ganz unmerklich die Frage durch den Kopf, warum Menschen Entspannung so derart kompliziert angehen müssen. Für mich als Dackel ist der einfachste Weg zur Glückseligkeit, einen geschmackvollen Knochen abzukauen. Stück für Stück löst sich alles um mich herum in Nichtigkeiten auf. Ganz ohne Guru! Nur durch Herrchens Gnade, die mir verlässlich zufällt, wenn ich ihn ein wenig mit meinem Dackelblick bearbeitet habe. Herrchen … Ach ich vermisste ihn. Zu Hause in Norddeutschland hatte er mich immer verwöhnt, mir sogar Schwarzbrot mit extra viel Kalbsleberwurst drauf geschmiert und es mir häppchenweise angereicht. Ein Traum! Gedankenverloren leckte ich mir über die Barthaare.

GOOONNNNNNNNG …

Das Brot zerbröselte in tausend Krümel. Es hatte mich also erwischt! Meditieren gestaltete sich wirklich schwieriger als gedacht, aber ich gab mich nicht geschlagen. Erneut fegte ich mein Oberstübchen leer und konzentrierte mich ausschließlich auf die Reinheit meiner Gedankenwelt, doch das Leberwurstbrot materialisierte sich vor meinem geistigen Auge hartnäckig. Den Anweisungen des Gurus entsprechend probierte ich dann, es wie eine Wolke am Himmel wegzuschieben, und für wenige Sekunden gelang mir das auch, leider drängte sich das geschmierte Brot in meinen Sinn zurück. Ich wiederholte das Kräftemessen mit der geilen Schnitte mehrmals, doch sie gewann, bewegte sich quälend durch meinen Kopf und nervte mich!

GOOOOOONNNNNNNNNNNNNG …

Langsam ging mir der Guru auf den Sack! Verbissen erklärte ich das Leberwurstbrot zu einem streng verbotenen Objekt und verbannte es nochmals aus meinem Schädel. Ich atmete tief ein und aus, ließ alles los und meinte schon den Frieden gefunden zu haben, doch irgendeine dusselige Gehirnwindung hatte auf der Leitung gestanden und die verflixte Stulle durchgelassen. Ich war echt kurz vorm Durchdrehen!

GOOOOONNNNNNNNNNG …

Mach noch ein einziges Mal den Gong du Guru, und ich lehre dich jede Dimension von körperlichem Schmerz!

Erschöpft fokussierte ich mich auf das Meeresrauschen und hoffte, es würde meinen Stress lindern. Die Minuten vergingen und tatsächlich; endlich wurde es ruhig in mir und Stille kehrte ein. Ich begann in einer Art Schwerelosigkeit zu floaten. Leichte Wogen trugen mich in eine endlose Weite voll des Nichts. Bis sich auch meine Wahrnehmung auflöste …

»Raffi … Du schnarchst!«

Ich schlug die Augen auf und sah in Tantes Gesicht. Sie zog ihre linke Augenbraue belustigt hoch.

»Außerdem knurrt dein Magen unüberhörbar. Komm lass uns zurückgehen und was richtig Leckeres grillen!«

Erleuchtung von Tante … check!

20. Poseidons Briefkasten

Mitten in der Nacht wachte Tante schweißgebadet auf und schrie. Zwar begriff sie schnell, dass es nur ein Traum war, dennoch begann sie zu heulen wie ein Schlosshund. Geduldig schmiegte ich mich an ihn, doch er jaulte herzzerreißend.

Ich versuchte ihn mit allen Methoden eines Dackels zu beruhigen, schaffte es aber nicht. Das Tier neben mir hatte sich in bitterem Schmerz festgebissen, unheimliche Kräfte schüttelten es gewaltsam durch und seine Tränen schmeckten beängstigend fremd.

Als sich mir schließlich die Nackenhaare aufstellten, schnappte ich mir Tantes Smartphone und aktivierte eine Telefonverbindung zur Hippieoma.

»Ja, mein Kind, was ist denn?«

Ich schubste das Handy mit meiner Nase näher zum Schlosshund.

»Hey, du sagst gar nichts ... Weinst du etwa? Hallo?«

Eine halbe Stunde später hörte ich Schritte im Pinienwald, und der Lichtkegel einer Taschenlampe huschte über unseren VW-Bus. Layla war gleich hergekommen.

Sie machte die Schiebetür vom Bulli auf, kniete sich neben Tante und strich ihr übers Haar.

»Kindchen, du musst eines Tages mit jemandem darüber reden, um es endlich verarbeiten zu können. So geht das nicht weiter«, sagte Layla.

Ich beobachtete in Tantes verquollenen Augen, wie sie sich innerlich fasste, ihre zerfetzten Gedanken einigermaßen zusammenfügte und mit aller Kraft eine Antwort sortierte.

»Nein. Ich kann es einfach nicht an mich heranlassen, geschweige denn laut aussprechen!«

Und da war es wieder, das Gespenst unserer Reise. Tantes Trauma aus ihrer Zeit in Marokko. Allgegenwärtig schwebte es über uns wie eine dunkle Wolke und benebelte Tante in Form einer nicht greifbaren Belastung. Namenlos trieb es sein Unwesen – hinterhältig und ungebannt, doch niemand konnte es benennen, um es zu verscheuchen. Das Gespenst existierte einfach weiter, rasselte mit seinen Ketten oder zupfte auf Tantes Nervensträngen finstersten Blues, wann immer es wollte und peitschte sie in eine Mischung aus Vagabundenleben und Isolation. Nun stellte die Hippieoma eine erste therapeutische Weiche.

»Ich verstehe, dass du nicht darüber reden kannst. Deshalb wirst du dich davon freischreiben, und zwar noch heute! Vertraue mir ...«

Schlosshund und Gespenst meuterten wie von Sinnen, aber Layla zog die Tür zu, stieg auf den Fahrersitz und steuerte den VW-Bus in die Morgendämmerung. Während der Fahrt telefonierte sie auf Spanisch mit einem Freund. Ich konnte nicht verstehen, worüber sie sprach, aber wir kamen zu einem Hafen und von einem der Segelboote winkte uns ein Mann. Als Layla ihn entdeckte, klappte sie ihr Handy zu. Bevor ich ihren Plan kapierte, befanden wir uns allesamt auf hoher See.

Tante wurde behutsam in die Kajüte verfrachtet. Sie bekam einen Pott Kaffee vorgesetzt und Schreibkram. Layla erklärte ihr, dass sie ihre schmerzhafte Vergangenheit auf Papier bringen und sie anschließend als Flaschenpost über Bord schmeißen solle.

»Der Empfangende wird auf diese Weise entweder für immer das Meer sein oder ein fremder Mensch, der die Flasche an einem unbekannten Strand dieser Welt irgendwann vor die Füße gespült bekommt. Für dich wird das ein Anfang, eine Annäherung an das Erlebte sozusagen. Lass dir Zeit«, schloss sie ihren Vorschlag ab. Dann stellte Layla eine leere Likörflasche mit Schraubverschluss neben Tante und ließ uns allein.

Ich wusste, dass Tante diese Aufgabe viel abverlangen würde, doch sie ließ sich auf dieses Wagnis ein. Mit zitternden Händen begann sie ein paar Zeilen aufs Papier zu kritzeln. Besorgt drückte ich mich an sie.

Keine fünf Minuten später rollte sie das Blatt Papier zusammen, stopfte es in die Likörflasche und ging damit an Deck. Ohne viel Gedöns warf sie die Flaschenpost über die Reling. Mit einem leisen Platschen verabschiedete sich das Teil ins Wasser, schipperte achtern an uns vorbei, hinein in die tiefgründigen Ratschlüsse des Meeres.

Tante war bleich im Gesicht und schlapp wie nass ausgewrungene Wäsche, aber keineswegs klarer. Da wusste ich, dass sie ihre psychischen Probleme niemals allein würde bewältigen können. Inständig hoffte ich für die Frau, dass die Flaschenpost nicht an einem der vielen balearischen Felsen zerschellen würde, sondern die Straße von Gibraltar unbeschadet passierte, wundersam über den riesigen Atlantik trieb, bis an einen Strand von Long Island, direkt in die Hände eines weltberühmten Psychologen oder so. Per Express versteht sich.

21. Blaues vom Himmel

Im Laufe des Vormittags tauchte vor uns eine Insel auf. Formentera ist wesentlich kleiner als Ibiza, aber bekannt für ihren karibischen Anstrich. Helle Strände und türkisfarbenes Wasser umrahmen die Schönheit, größtenteils ist sie naturbelassen. Typische Bildinhalte der Insel sind Wachtürme aus der Piratenzeit, Lagunen, Ziegen im Schatten von Feigenbäumen, stillgelegte Weizenmühlen und alte Fischerdörfer. Auch Hippies hatten auf der Insel ihre Spuren hinterlassen, denn für Blumenkinder ist Formentera ein wahres Paradies gewesen. Hier hatte die verbotene Frucht keinen Reiz gehabt und hing unangetastet am Baum der Erkenntnis.

Der Kapitän, meine beiden Grazien und ich stiegen in ein wackeliges Ruderboot und setzten über. Himmel und Wasser um uns herum vermischten sich zu einem Farbmeer aus Hellblau, Indigo, Azur, Mintgrün und Petrol. Diese entspannende Farbtherapie war uns nach der Aktion mit der Flaschenpost mehr als willkommen.

Als wir uns dem Strand näherten, bemerkten Tante und ich, dass man jedes einzelne Sandkorn am Grund erkennen konnte. Es schien fast so, als glitten wir über flüssiges Glas. Laylas Freund, der Kapitän, ruderte uns durch die Wellen und erklärte in holprigem Deutsch, dass Neptungras das Wasser vor Formentera so außergewöhnlich rein hielte.

»Etwas weiter draußen gibt es ganze Seegraswiesen am Meeresboden, was die Insel gleichzeitig vor Erosion bewahrt. Allerdings wächst dieses Gras nur einen Zentimeter pro Jahr und steht streng unter Naturschutz. Deshalb sind wir auch nicht klassisch vor Anker gegangen, sondern haben das Segelschiff an einer Boje vertäut. Vor ein paar Jahren hat man nicht weit entfernt von hier eine Pflanze entdeckt, die über sieben Kilometer lang war und somit geschätzte 100.000 Jahre alt! Sie ist wohl der älteste lebende Organismus der Erde. Einzig und allein Neptun ist es vorbehalten, etwas von dem Seegras zu ernten. Abends guckt er sich gerne einen Sonnenuntergang auf Formentera an und strickt mit seinem Dreizack die grünen Halme zu Netzen.«

Ich überlegte, wann das Seemannsgarn angefangen hatte.

Die meisten Ufer von Formentera fallen extrem flach ins Meer ab, so braucht das karibische Türkis weit über hundert Meter, um eine tiefe Farbe zu bekommen. Das war auch der Grund, warum Laylas Freund unser Ruderboot das letzte Stück zur Insel ziehen musste.

Wir strandeten auf einer Landzunge, die aussah wie eine bizarre Mondlandschaft. Überall war feiner, heller Sand geformt zu Dellen oder Dünen. Vereinzelt lag geweißtes Treibholz herum, sonst gab es dort nichts. Im Geiste zog ich meinen Hut vor dem Designer jener Herrlichkeit.

Kaum waren wir dort angekommen, spannte Layla einen korallenroten Sonnenschirm auf, öffnete den

Picknickkorb, den sie zu Hause auf dem Weg zum Hafen noch schnell gepackt hatte und verteilte Mandelkuchen, reife Pfirsiche und Zitronenlimonade. Für mich zauberte Layla doch tatsächlich ein getrocknetes Kaninchenohr hervor und machte zur Krönung des Ganzen einen Tupfer Sprühsahne obendrauf! Und so endete der Tag für uns alle im süßen Nichtstun.

22. Hollywood

Als wir abends von Formentera zurück segelten, standen Tante und ich vorne am Bug. Direkt unter uns pflügte sich die Schiffsspitze durch die verlaufenden Farben des Sonnenunterganges, kräftige Windböen spannten die altweißen Segel und rissen unser Schiff dynamisch übers Meer. Wir lehnten uns an der Reling in ein herrliches Gefühl von Freiheit und bekamen Lust, die Flügel auszubreiten, um uns wie der bauschige Same einer Pusteblume zu lösen und uns vom Wind in den fernen Horizont tragen zu lassen. Tante hob ihre Arme und genoss den Moment sichtlich.

Ich hätte ihr diese Geste so gerne gleichgetan, aber meine Schlappohren waren leider so träge wie immer und ließen sich einfach nicht zu brauchbaren Schwingen aufraffen. Mir blieb das Gefühl vom Fliegen verwehrt.

Wehmütig dachte ich an die sexy Streunerin. Ich vermisste sie. Seit unserer Begegnung hatte ich ihr jeden Tag Nachrichten hinterlassen, sprich überall auf dem Campingplatz kleine Duftmarken gesetzt, um sie zu lockeren Dates einzuladen, doch niemals eine Antwort erhalten. Und als ich mir ihr hübsches Gesicht vorstellte, das ich vielleicht niemals würde wiedersehen, hingen meine Schlappohren an mir herunter wie Blei.

Spät am Abend waren wir zurück auf unserem Stellplatz. Tante ließ das Innenlicht vom VW-Bus an und widmete sich einer ihrer Kochsessions unter freiem Himmel. Ich entschied mich, vor dem Dinner noch ein belebendes Bad im Meer zu nehmen.

Als ich gerade dabei war, durch das Wasser zu waten, entdeckte ich zufällig am Ufer meine Streunerin! Sie stand versteckt hinter einem Pinienbaum neben dem Bulli und beobachtete mich. Spontan beschloss ich, einen auf blonden James Bond zu machen und genau wie er langsam aus der Brandung zu steigen – knackig und appetitlich. Also straffte ich meine Brust, setzte eine Pfote vor die andere, achtete auf einen dezenten Hüftschwung und schenkte der wilden Hündin meinen heißesten Schlafzimmerblick aller Zeiten.

WOOOOOOOOOOSCH! Von einer gewaltigen Wasserwelle erfasst, drehte ich mich wie eine olle Bratwurst um meine eigene Achse und musste mich hustend auf den Strand retten. Beschämt schaute ich hoch zur sexy Streunerin, aber sie war weg. Mein Traum von einer Liebelei mit ihr platzte endgültig.

Vollkommen deprimiert schleppte ich mich zu Tante. Sie bemerkte nichts von meinem Kummer, doch immerhin hatte sie Spaghetti mit Fleischsoße gekocht und stellte mir einen Teller davon hin. Die Köchin selbst verschwand im Bulli, wahrscheinlich auf der Suche nach einer Flasche Tinto.

Just in diesem Augenblick huschte die sexy Streunerin um die Ecke! Sie hatte anscheinend Hunger und schnupperte an meinem dampfenden Teller. Gleichzeitig war sie auf der Hut vor Tantes Rückkehr und behielt den VW-Bus genau im Auge. Viel Zeit blieb uns nicht, also begannen wir zu fressen!

Zwar hatte ich mir ein Rendezvous mit der sexy Streunerin immer etwas romantischer vorgestellt, aber Herzklopfen bekam ich trotzdem. Um mir meine Nervosität nicht anmerken zu lassen, verhielt ich mich möglichst lässig, blickte aufs Meer hinaus und lutschte an einer Spaghetti, bis plötzlich etwas seltsam Weiches mein Maul berührte. Die Lippen der sexy Streunerin befanden sich auf den meinen! Zufällig hatte sie am anderen Ende meiner Spaghetti gesaugt und dabei wachsam zum Bulli gestarrt, was zu dem ungewollten Kuss geführt hatte.

Ich erwartete ihr wütendes Knurren, stattdessen machte sie ihr Köpfchen schief und guckte mich zuckersüß an! In meiner Brust explodierte ein gigantisches Knäuel flatternder Schmetterlinge. Kribbelnd breiteten sie sich in meiner Magengegend aus und stiegen mir bis in den Schädel! Meine Ohren entfalteten sich zu riesigen glühenden Flügeln, und so schwebte ich davon, flog hoch in eine schwerelose Sphäre weit über Ibiza, landete auf dem Mond und stürzte mich anschließend wie Superman zurück zur Erde.

23. Die Psytranceparty

Ibiza ist ein Mekka für Fans der elektronischen Musik. Überall auf der Insel drehen sich Platten, und die Leute pilgern an Strandbars, Klubs sowie Hotelanlagen, um den Sound zu preisen.

Eine der bekanntesten Locations ist wohl das »Café del Mar«. Es liegt direkt am Meeresufer von Sant Antoni. Tante ist mit mir mal abends hingefahren, aber wir sind dort nur am Strand spazieren gegangen. Die Gäste hatten bereits alle Terrassentische belagert, um den Tag bei einem phänomenalen Sonnenuntergang und der Auflegekunst eines Plattenwenders ausklingen zu lassen.

Fette Raves gibt es auf Ibiza natürlich auch. Nachts füllen sie die gelaserten Dancefloors der kolossalen Großraumdiscos. Dragqueens, Go-go-Girls und weltbekannte DJs verführen die Besuchenden in getanzte Euphorie. Fast an jeder Ecke der Insel hingen Plakate davon. Einmal waren Tante und ich in den Gassen von Ibiza-Stadt unterwegs, wo mitten am Tage ein kleiner Umzug des schrill gekleideten Personals einer Disco stattfand, um lauthals Werbung für eine Tanzveranstaltung zu machen.

Irgendwann wollte auch Tante gepflegt schwofen gehen, aber wegen meiner empfindlichen Ohren hätte ich sie zu keiner Disco begleiten können. Wahrscheinlich entschied sie sich deshalb für die hauseigene Open-Air-Party unseres Campingplatzes.

Es handelte sich dabei um eine Psytranceparty. Ich wusste nicht genau, was bei einer solchen Feierei auf Tante zukommen würde und informierte mich vorab im Internet. Demzufolge gibt es unzählige Richtungen von Elektromusik, wobei Psytrance ein Ableger mit Wurzeln im indischen Goa ist. Inspiriert von dort befindlicher Kultur und Spiritualität, bestäubten reisende DJs den in Europa aufblühenden Trance der 90er-Jahre mit einer psychedelischen Färbung. Eine Kreuzung, die bis heute weltweit Anhänger findet. Psytrance ist mystisch, hypnotisierend und treibend zugleich. Noch abgedrehter sind die Performances und Dekorationen dieser Partys, denn spätestens sie schicken ihr Feiervolk diesseits der Realität.

Getreu dieser Etikette hatte das Animationsteam des Campingplatzes ganze Arbeit geleistet. Die Tanzfläche reichte vom Strand bis einige Meter ins Wasser hinein, umringt von einer bezaubernden Unterwasserwelt. Riesige Quallen schwebten hoch in der Luft. Ihre langen durchsichtigen Fangarme bewegten sich beim kleinsten Windstoß waagerecht in die Höhe und wurden nachts von Scheinwerferlicht fantastisch in Szene gesetzt. Auf dem Sand wucherten stellenweise rosa und orangefarbene Seeanemonen, dessen Tentakel in der Dunkelheit toll fluoreszierten. Im Bereich der Strandbar hatte man Holzpaletten zu niedrigen Tischen gestapelt, auf denen große geöffnete Muscheln lagen, die jeweils eine leuchtende Perle präsentierten, bestehend aus einer winzigen LED-Glühbirne. Rundherum auf dem Sand lagen goldschimmernde Bodenkissen.

Ich beobachtete die Party aus der Ferne. Der Psytrance pulsierte stoßweise aus den Boxen und waberte über den gesamten Strand. Tanzende Leute stampften die immer schneller werdenden Beats barfuß in den Sand und strahlten sich gegenseitig an. Bis weit in den Vormittag reichte das Line-Up geladener DJs, wobei der Sonnenaufgang ein absoluter Höhepunkt der Party war. Der Trance wurde atmosphärischer. Mermaids mit grünglitzernden Fischschwänzen und hellblonden Perücken tauchten plötzlich in der Brandung auf, um sich im ersten unwirklichen Licht des Tages zu sonnen. Die Gäste jubelten feierlich und Sektkorken zischten in den Himmel. Alles in allem eine galaktische Party!

Tante groovte die ganze Zeit wie eine orientalische Prinzessin auf Speed. Sie hatte sich ihren Bauchtanzgürtel mit den hängenden Silbermünzen um die Hüften gebunden, der bei ruckartigen Bewegungen metallisch rasselte. Sie powerte sich so richtig schön aus. Erst in den späten Morgenstunden kam sie zurück zu unserem Stellplatz und fiel erschöpft, aber glücklich auf die Matratze.

24. Marrakesch

Als Tante eingepennt war, setzte ich mich an ihren Laptop und schrieb mein Logbuch weiter. Das war ein fataler Fehler, denn ich hatte nicht damit gerechnet, dass die Frau nach dieser durchtanzten Nacht einen leichten Schlaf haben könnte. Ohne jede Vorwarnung wachte sie auf und sah mich entgeistert an.

»Tippst du in echt auf meinem Laptop oder träume ich?«

Du träumst! Du halluzinierst!! Schlaf einfach weiter!!! Ich tat schnell so, als würde ich mit einer Ameise spielen und schubste sie mit meiner Vorderpfote stupide auf dem Laptop herum.

»Lass das Raffi. Geh da runter!«

Tante nahm mir das vorgetäuschte Insekt ab und schlief wieder ein. Das war gerade noch mal gut gegangen!

Einen Wimpernschlag später erkannte ich, dass meine Bewegungen auf der Tastatur versehentlich eine Textdatei von Tante geöffnet hatten. Es war ihr Tagebuch und neben etlichen Hörbüchern zum Einschlafen der Grund, warum sie den Laptop überhaupt auf den Roadtrip mitgenommen hatte. Sie schrieb kaum darin, doch offensichtlich ist dem nicht immer so gewesen, denn der Seitenanzahl nach zu urteilen, hatte die Frau in Marokko ordentlich in die Tasten gehauen.

Was für eine Möglichkeit sich für mich aufgetan hatte! Ich könnte in Tantes Tagebuch lesen und einen Blick auf ihr altes Leben in Marokko werfen! Vor allem auf den Auslöser ihres Traumas. Mein Zehenballen wollte schon zum Scrollen ansetzen, da riss ich mich im letzten Moment vom Laptop weg. Es gehörte sich natürlich nicht, in den persönlichen Aufzeichnungen anderer Leute herumzuschnüffeln.

Um mich abzulenken, ging ich runter zur Brandung. Dort traf ich auf einen Einsiedlerkrebs, der gerade dabei war, seine Behausung über den Sand zu schleppen. Eine Zeit lang duellierte ich mich mit ihm, aber jedes Mal, wenn der Krebs sich vor mich schützend in sein Schneckenhaus verkroch, musste ich an Tante denken. War es nicht vielleicht doch besser, endlich etwas über ihr Trauma zu erfahren, damit ich ihr bei ihrer Vergangenheitsbewältigung helfen konnte?

Als mein Gewissen noch haderte, hatte meine Neugierde längst das Zepter übernommen und mich zu einer Marionette meiner selbst gemacht. Entgegen all meiner moralischen Grenzen registrierte ich, wie sich meine Beine ganz von allein zum VW-Bus hinbewegten, bis ich schließlich vor dem Laptop saß, das Tagebuch zu durchscrollen begann und auf irgendeiner Seite zu lesen begann …

Tante war gerade in Marrakesch angekommen. Auf der Suche nach ihrem Quartier sammelte sie erste Eindrücke von der Stadt und beschrieb sie sozusagen im Vorbeigehen. Sie sah alte Gebäude aus tausend und einer Nacht, bunte Mosaiksteine in den Hinterhöfen und vor Leben strotzende orientalische Märkte. Sie mochte die Stadt, dessen einziger Nachteil die Entfernung zum Meer darstellte, trotzdem spielte die Frau sogleich mit dem Gedanken, nach Marrakesch umzuziehen. Ihr Job in Casablanca langweilte sie ohnehin schon seit Monaten, doch für so eine ernsthafte Entscheidung wollte sie sich mehr Zeit lassen. Vor Kurzem erst hatte sie sich dazu durchgerungen, ihren Jahresurlaub nicht in Norddeutschland zu verbringen, sondern das Land vor der eigenen Haustür zu bereisen, und nun wollte sie das auch genießen ...

Ich scrollte ein wenig vor. Jetzt berichtete sie von der Begegnung mit irgendwelchen Leuten. Es waren Deutsche, die regelmäßige Trekkingtouren durch die Sahara unternahmen. Tante hatte sich bei einer solchen Tour angemeldet. Sie freute sich schon darauf, die einmalige Natur der Wüste zu erleben und in einer Jurte zu übernachten. Sogar Kamele würden den Trip begleiten. Dann listete Tante eine spezielle Ausrüstung auf, die sie sich noch besorgen wollte. Sie klang ganz euphorisch ...

Ungeduldig blätterte ich zum Ende des Tagebuchs. Hier wurde der Textinhalt unheimlich. So als würde Tante sich seelisch auflösen. Abgerissene Sätze verliefen ins Leere, Worte waren geschrien und selbst zwischen den Zeilen las ich Schmerz. Hatte das Trauma an dieser Stelle schon stattgefunden und Tantes Welt aus den Fugen gehoben?

Ich scrollte wieder ein Stück zurück. Da stand Vertrauen im Mittelpunkt des Geschehens. Tante wollte sich fallen lassen oder so – eine spirituelle Verbindung eingehen und sich hingeben, doch schien die Frau eine seelische Blockierung in sich wahrzunehmen, die sie daran hinderte. Im selben Zusammenhang las ich wiederholt einen männlichen Vornamen. Und der Begriff Selbstverleugnung hatte es ihr angetan ...

Erschrocken sah ich hoch. Tante robbte schlaftrunken über ihr Bettzeug in Richtung Laptop und klappte ihn direkt vor meiner Schnauze zu.

»Jetzt lass endlich die doofe Ameise zufrieden!«

Ich tat wie mir geheißen. Alles andere wäre auch zu riskant gewesen. Bei der nächstbesten Gelegenheit wollte ich die Datei wieder öffnen, doch als ich später in aller Ruhe die von mir gelesenen Textfragmente gedanklich zusammensetzte, wurde mir klar, dass Tante sich ihr Trauma auf der Beziehungsebene eingefangen haben musste. Und zwar durch eine Person, der sie vertraut hatte. Ich schämte mich auf einmal ohne Ende und beschloss, ihr Tagebuch niemals wieder anzurühren.

25. Unendliche Geschichten

Es war unser letzter Tag auf Ibiza. Tante schulterte mich in ihrem Bundeswehrrucksack und lauschte den strengen Anweisungen der Hippieoma.

»Ihr müsst einfach diesen Berg hoch. Auf keinen Fall dürft ihr von dem schmalen Schotterweg abkommen! Wenn alles vorbei ist, müsst ihr unbedingt sofort aufbrechen und schnell wieder hierher zurückkommen. Und nehmt euch in Acht vor unheimlichen Stimmen oder Lichtern!«

»Das werden wir befolgen Layla. Mach dir keine Gedanken«, sagte Tante.

Allem Anschein nach brachen wir zu einem geheimnisvollen Happening auf, was laut Laylas Instruktionen wohl nicht ganz ungefährlich war. Begleiten wollte uns die ehemalige Berlinerin bei dem Ausflug jedoch nicht. Sie umarmte Tante zum Abschied, stieg in ihr Auto und ließ uns mutterseelenallein mitten in der Wildnis von Ibiza zurück.

Fast eine Stunde schleppte Tante mich den steilen Pfad hinauf, bis wir auf einem Aussichtsplateau ankamen.

Die erste Überraschung war, dass wir dort nicht allein waren. Leute saßen verstreut auf dem Boden herum, unterhielten sich leise und starrten gespannt in die Ferne. Die zweite Überraschung war das atemberaubende Panorama. Wir befanden uns auf einer hohen Klippe, und das Meer erstreckte sich vor uns, soweit das Auge reichte.

Tante breitete auf der Steinfläche eine Decke aus, setzte sich und machte es sich so gut es ging gemütlich. Ich nahm lieber auf ihrem weichen Schoß Platz.

Von der Klippe hatten wir einen tollen Blick auf »Es Vedrà« – eine nahe gelegene Felseninsel, die sich majestätisch aus dem Wasser heraushebt. Dieser Monolith ist zwar karg beschaffen, doch in seiner Form scheint er nicht von dieser Welt zu sein, folglich umranken Sagen und Legenden den unbewohnten Giganten seit Jahrtausenden. Es Vedrà soll die Geburtsstätte der Göttin Tanit gewesen sein, Kulisse für Homers berüchtigte Sirenen, der einzige nicht versunkene Rest von Atlantis, eine Art mediterranes Bermudadreieck und wichtiger Ufo-Verkehrspunkt. Wissenschaftlich alles unbewiesen! Irritierend allerdings sind die steten Zeitzeugen und Zeitzeuginnen jener paranormalen Phänomene. Der Monolith bestätige damit zumindest eine gewisse magische Anziehungskraft.

Nichts davon konnte ich wahrnehmen, aber mit etwas Fantasie erkannte ich in der Gesamtheit von Es Vedràs felsiger Silhouette einen liegenden Drachen. Er war ein Urgestein von Gechilltheit und sah aus, als befände er sich schon ewig in dieser Position. Weder Naturgewalten noch der Lauf der Zeit konnten ihn aus seinem zenmäßigen Zustand herausreißen. Ein bisschen hatte er sogar Ähnlichkeit mit dem Drachen Fuchur aus der Unendlichen Geschichte.

Oder schaute ich auf einen dösenden Dackel? Ich guckte nochmal genauer hin. Rücken, Köpfchen, Schlappohren, geschlossene Augen und die Schnauze ... Tatsache! Und als wäre das nicht schon genug Zauber gewesen, setzte im Hintergrund des Felsens das Spektakel ein, auf das alle gewartet hatten.

Am Horizont verglomm ein Streifen aus sattem Apricot und bemalte vereinzelte Wolkenbäuche mit zarten Roséfarben. Jede Minute erweiterte sich diese Farbpalette mit leuchtendem Safran, Lavaorange und Magenta. Mittendrin versank eine glutrote Sonne und zog alle kühlen Blautöne des Himmels mit sich in die Tiefe, um den Raum für ein brennendes Inferno freizugeben. Nur das Meer behielt seine tintenblaue Farbe und unterstrich das Versinken des Sterns mit coolem Kontrast.

Als die Sonne restlos verschwunden war, begannen die Anwesenden nach ibizenkischer Manier feierlich zu applaudieren. Mich hatte der Sonnenuntergang ebenfalls berührt, aber die Erkenntnis, dass Tante sich für unseren letzten Tag auf Ibiza extra etwas Nettes überlegt hatte, wärmte meine Seele noch viel mehr.

Da es auf Ibiza rasch dunkel wird, stieg Tante die Klippe eiligen Schrittes wieder hinab. Ich saß hinten im Bundeswehrrucksack und fragte mich, in welches Land wir mit dem VW-Bus wohl als Nächstes fahren würden, wobei mir meine Ungewissheit wegen unserer Reiseroute oder Tantes labiler Psyche längst nicht mehr so zu schaffen machte wie zu Beginn unseres Roadtrips. Irgendwie geht es immer weiter. Das Leben bahnt sich einen Weg, und in jedem Moment geht irgendwo auf der Erde die Sonne auf. Logischerweise gibt es deshalb auch immer einen Silberstreif am Horizont!

26. Immigrant Song

Es folgte ein Reiseabschnitt, der dem Begriff »Raodtrip« alle Ehre machte. Tante fuhr mit dem VW-Bus tagelang in europäischen Ländern umher und passierte Grenzen wie Autobahnschilder, bis ich keine Orientierung mehr hatte. Scheinbar verfolgte die Frau kein bestimmtes Ziel, sondern mochte einfach nur das Gefühl des Fahrens und die Beständigkeit des alten Motors in ihren eigenen Knochen zu spüren. Ich gab es auf, ein präsenter Beifahrer zu sein und duselte nur noch vor mich hin.

Um wach zu bleiben, hörte Tante die Musik, welche sie von der Hippieoma zum Abschied geschenkt bekommen hatte. Somit plärrte der Brüllwürfel fortlaufend Songs von Cat Stevens, Jefferson Airplane oder Strawberry Alarm Clock, bis Tante irgendwann ein und denselben Rocksong von Led Zeppelin abspielte, was mich wieder aufhorchen ließ. Die Frau führte garantiert etwas im Schilde. Und tatsächlich! Auf den Wegweisern der Autobahn las ich wiederholt ein durchgestrichenes »O«, was bedeutete, dass wir nach Skandinavien fuhren!

Bald schon waren wir auf Fähren unterwegs, passierten Autotunnel oder brausten Gebirgshänge entlang. Je höher wir in den Norden kamen, desto unberechenbarer wurde die

Landschaft, und Tante musste sich richtig konzentrieren, um den VW-Bus durch das fremde Gefilde zu navigieren.

Einmal machten wir eine Pause neben einem Gletscher. Der Eisriese thronte zwischen hohen Felsen, zu dessen Füßen sich ein See aus Schmelzwasser gebildet hatte. Tante und ich standen am gegenüberliegenden Ufer auf einer blühenden Wiese voller Schmetterlinge und staunten darüber, wie der Gletscher an diesem Ort Sommer und Winter gleichzeitig existieren ließ. Noch wundersamer jedoch wirkte seine bläuliche Farbe von künstlichem Speiseeis. Natürlich musste ich gleich mal sein Schmelzwasser probieren und schleckte es mit meiner Zunge auf. Das war so hammermäßig kalt, dass sich meine Schlappohren vor Schreck bis zum Anschlag einrollten! Mein erster Eindruck von Norwegen gestaltete sich mehr als erfrischend.

Unsere Blockhütte stand mitten auf der Schräge eines Bergmassivs. Man hatte ihren Bau mit einer Teilsprengung ebnen müssen, aber der Ausblick von dort oben erklärte diesen Aufwand. Unterhalb des Berges fügte sich ein Fjord glatt wie gefasster Edelstein in das Gebirge ein, und wenn sich seine Oberfläche durch den Wind bewegte, bekam er eine ganz andere Facette. Ich war nahezu geblendet von seiner Schönheit.

Von der Terrasse aus konnte ich aber auch sehen, dass es in der umliegenden Gegend keine Zivilisation gab. Was Kontakte zu anderen Menschen oder Hunden anging, waren wir definitiv am Arsch der Welt. Ich fand, dass unsere Reise eine heftige Wendung genommen hatte. Überhaupt bekam ich den Eindruck, dass Tante Europa wie ein Meer kreuzte, anstatt eine ökologisch vernünftige Route zu fahren. Und von der Hippieinsel ins Land der Wikinger zu reisen war auch mental ein ziemlicher Bruch, doch vielleicht war es genau das, was Tante erreichen wollte: Die totale Zerstreuung.

Ich für meinen Teil versuchte in Norwegen anzukommen und sammelte gedanklich alles, was ich über dieses Land wusste. Abgesehen von dem berühmten Einrichtungsstil der Skandinavier war das nicht viel, aber immerhin hatte ich im Fernsehen mal eine Dokumentation über die Wikinger gesehen. Wikinger sind voll die brutalen Eroberer gewesen und schreckten als Seefahrer keineswegs davor zurück, unbekannte Strecken zu segeln, um neue Gebiete für sich zu vereinnahmen. Grönland und Amerika oder so. Und kurz vor gewalttätigen Schlachten sollen sie sich Aufgüsse von psychedelischen Fliegenpilzen gemacht haben, damit sie ihren Gegnern hemmungslos und furchteinflößend entgegentreten konnten. Die Wikinger sind selbstverständlich längst in die heutige Zeit immigriert, trotzdem war ich gespannt darauf, einige ihrer Nachfahren kennenzulernen.

Unsere Vermieterin begrüßte uns. Sie wollte für längere Zeit auf einer Bohrinsel arbeiten und überließ uns ihre Blockhütte kostengünstig. Als sie Tante alles Wissenswerte zu der Hütte erklärt hatte, drückte sie ihr die Schlüssel in die Hand und verabschiedete sich wieder. Die Art der Norwegerin war herzlich und unkompliziert, was ich nicht erwartet hatte, aber auf Anhieb mochte.

Als sie mit ihrem Auto davongefahren war, wurde es schlagartig still. Nachdem wir wochenlang auf dem belebten Ibiza zugebracht hatten und anschließend mehrere Tage auf Autobahnen, dazu permanent von dem elendigen Brüllwürfel beschallt, tat die Geräuschlosigkeit in Norwegen unendlich gut. Tante und ich wollten uns nur eben kurz ins Bett legen, da pennten wir für eine lange Zeit ein.

27. Stille Wasser sind tief

Es war traumhaft, mal wieder in einem richtigen Bett geschlafen zu haben. Die Sonne begann aufzugehen, und so fiel unser erster Blick von der Terrasse auf den morgendlichen Glamour Norwegens. Dunkel funkelte der Fjord uns an und spiegelte einen Himmel voller Pastellfarben. Ein Seeadler ruderte mit seinen breiten Schwingen seelenruhig durch die reine Luft.

Als es draußen hell genug war, zog Tante ihren Bikini an und eilte mit mir runter zum hauseigenen Bootsanleger, an dem ein kleines Ruderboot mit Außenmotor festgemacht war. Kaum waren wir an Bord unserer Nussschale, tuckerten wir drauf los. Allem Anschein nach wollte Tante Frühschwimmen machen und das vom Boot aus mit einem Sprung ins kalte Wasser. Einen besseren Einstieg bot der Fjord nicht, denn er verfügte über keinen Strand, stattdessen umringten ihn steil abfallende Felsen und Gebirgswände. Noch einige Meter unter der Wasseroberfläche konnte ich vereinzelt Krebse darauf klettern sehen und Seetang schwerelos in der klaren Materie sich winden. Es wirkte fast so, als hätte jemand durchsichtiges Kunstharz in den Fjord gegossen und ihn zu einem einzigartigen Schmuckstein gemacht.

Weit vom Ufer entfernt schaltete Tante den Motor ab. Sie stellte ihren rechten Fuß auf den Bootsrand und machte sich bereit für den Sprung. Ich erwartete die hübscheste Arschbombe von ganz Norwegen zu sehen, doch nichts passierte! Tante stand einfach nur da und starrte auf das nasse Element, eine Handbreit unterm Kiel. Was ließ die geborene Wassernixe bloß zögern?

Dann erkannte ich den Grund. Abwärts verbarg sich ein finsteres Schwarz, schwärzer als jede sternlose Nacht und offenbarte die unfassbare Tiefe des Fjordes. Das war echt spooky!

Just in diesem Moment winkte uns ein Mann vom Bootsanleger und rief uns aufgebracht zu sich her. Demnach mussten in der Umgebung doch andere Menschen leben. Und dieser hier stammte sogar aus Tantes Generation. Wir schipperten zu ihm.

Aus der Nähe betrachtet sah der Typ aus wie ein moderner Wikinger. Er war groß, hatte wallendes aschblondes Haar, einen sehnigen, braun gebrannten Oberkörper, trug eine zerfetzte Bluejeans, Dreitagebart und neben ihm stand ein Benzinkanister.

Instinktiv stellte ich mich beschützend vor Tante und knurrte den Wikinger an, doch als ich Wind von ihm bekam, verstummte ich. Mein Gewürzprüfer meinte nämlich, dass der Typ voll dufte sei und dass keinerlei Gefahr von ihm ausginge, lediglich Sympathie.

Fachmännisch vertäute der Wikinger unser Ruderboot und half Tante galant auf den Steg.

»Ersatzbenzin! Mit liebem Gruß von deiner Vermieterin. Du musst draußen immer welches dabei haben.«

Seine aquamarinblauen Augen musterten Tante, die kein Wort herausbrachte.

Noch nie hatte ich mir Gedanken über den Männergeschmack dieser Frau gemacht, aber heute beobachtete ich zum ersten Mal, wie Tante mit ihrer Körpergröße von etwas über 1,80 Metern gebannt zu einem Kerl aufschaute. Auch dem Norweger entging ihre Verlegenheit nicht und fing an zu grinsen. Mit gekünstelter Stimme erwiderte Tante: »Ich habe eine Wassermelone getragen!«

Beide lachten.

Feines Knistern umschloss das schöne Paar, und meine Nase vernahm die Süße verheißungsvoller Hormoncocktails! In meinem Geiste begannen die beiden eng miteinander zu tanzen ... auf ihrer Hochzeit nächstes Jahr Mittsommer ... Tante mit Babybäuchlein und einem Blumenkranz im Haar ... und der Wikinger stolz wie Oskar über seinen Wildfang aus einer anderen Welt.

28. Norwegisches Date

Schon am nächsten Tag stand die erste Verabredung vor der Tür. Bergeweise wühlte Tante Klamotten aus der Seemannskiste heraus, rannte aufgeregt durch die Hütte, stolperte über diverse Schuhe und zig Kleider, aber kurioserweise fand sie nichts zum Anziehen.

Ich verstand ihre Verunsicherung, immerhin war sie mit einem Wikinger verabredet und die einzige Kulturstätte weit und breit war der Bootsanleger unten am Fjord. Was für ein romantisches Treffen wäre unter diesen Bedingungen schon möglich? Da musste man wohl echt kreativ sein. In meinem Kopf malte ich mir aus, wie Haakon und Tante in der Holzhütte bei Kerzenschein eine opulente Königskrabbe verspeisten, sich hinterher vor loderndem Kaminfeuer den neuesten norwegischen Krimi vorlasen, um dabei ein wenig auf Tuchfühlung zu gehen. Ein durchaus vorzeigbares Date!

»Schau mal, Raffi, wie findest du meinen Look?«

Allem Anschein nach hatte Tante ein Outfit gefunden. Sie trug ihre Lockenmähne hochgesteckt, dazu ein sportliches Kleid, Gummistiefel und als Accessoire … eine Angelrute? Na dann Petri Heil.

Zu dritt trieben wir in der Nussschale auf dem einsamen Fjord und glotzten stillschweigend auf die Posen der Angeln. Laaaaaaangweilig! Glücklicherweise hievte Haakon schon nach wenigen Minuten mit seiner Paternosterangel zwei stattliche Dorsche an Bord. Sofort dachte ich an das stimmungsvolle Abendessen zurück, doch der Wikinger zückte sein Jagdmesser, gab den Fischen mit dem Griff ordentlich einen auf den Kopp und stach ihnen ins Herz. Anschließend landeten die armen Dinger leblos in einem Eimer. Ich fand, das war der Todesstoß jeglicher Romantik!

Tante schien das alles nichts auszumachen, sie hatte ohnehin nur Augen für das Muskelspiel von Haakons wohlgeformten Oberarmen. Der wusch seine Hände im Fjordwasser und meinte zu ihr: »Ich habe eine Überraschung vorbereitet, aber dazu müssen wir weiter rausfahren. Ist das OK für dich?«

Tante sah ihm endlich mal wieder ins Gesicht und nickte sein Vorhaben enthusiastisch ab. Mit Vollgas steuerte der Wikinger Richtung Nordsee. Samtiger Meeresduft wehte mir um die Schlappohren.

Vor uns breitete sich eine Schärenlandschaft aus. Versprengt lugten Felsen und Inseln aus dem Wasser heraus. Auf den Größeren standen Holzhütten, – rote, blaue oder ockerfarbene und wirkten wie Farbkleckse in einem Gemälde.

Wir bestiegen eine niedrige Schäre, die aussah wie der Rücken eines Wals und setzten uns dicht ans Wasser. Der Wikinger beförderte ein Netz mit einer eiskalten Flasche Sekt aus der Brandung, dazu dickwandige Kristallgläser, und weil der Kerl Humor hatte, auch noch eine Wassermelone. Hach ... Das war echt süß von ihm.

Der Umtrunk auf dem Wal dauerte über eine Stunde. Haakon und Tante unterhielten sich angeregt über alles Mögliche, trotzdem verlief das Date unbefriedigend. Zwar schmachteten die beiden sich merklich an, aber kamen aus irgendeinem Grund nicht zu Potte! Sie beschnupperten sich nur. Und um ihre Schüchternheit oder was auch immer zu überspielen, betatschten und fütterten sie mich, anstatt gegenseitig sich! Freundlich lächelnd würgte ich die Melonenstückchen in mich hinein und dachte, wenn es mit Tante und Haakon so weiterginge, konnte ich meinen Mittsommernachtstraum von ihrer gemeinsamen Hochzeit getrost vergessen! Doch wie das Schicksal es wollte, befanden wir uns in der Nähe der berühmten Hurtigruten, und das versprach viel Verkehr!

Gleich auf dem Rückweg war es so weit. Ein Postschiff düste mit einer wahnsinnigen Geschwindigkeit an uns vorbei. Damit wir in den Wellen des Schiffs nicht kenterten, brachte der Wikinger unsere Nussschale in eine sichere Position. Das war der Moment, in dem das Date ein rasantes Tempo aufnahm, denn Tante musste sich bei dem Manöver an Haakon festhalten, und als der Wellengang wieder verebbt war, blieb die Frau auf wundersame Weise noch lange an dem Kerl kleben. Und der war schon wieder am Grinsen.

Die alles entscheidende Wende des Dates jedoch brachte der Abend mit sich. Haakon bereitete in der Küche unserer Blockhütte ein Essen zu und servierte es auf der Terrasse. Wir aßen frischen Dorsch in Buttersoße mit Nelken, dazu gab es Salzkartoffeln. Für mich stampfte Haakon eine extra fette Portion, grätenlos und sämig. Ein Fest für meine Sinne! Ja, Liebe geht bekanntlich durch den Magen, und Haakon hatte Erfolg mit diesem altbewährten Rezept: Ich wollte den Wikinger auf der Stelle heiraten!

29. Riders on the Storm

Der Sommer in Norwegen hatte seinen ganz eigenen Charme. Aufgrund seiner Frische glichen die Tage einem immerwährenden Morgen. Den Rest eines normalen Zeitgefühls verwischte abendliches Dämmerlicht spät in der Nacht – ein Abglanz der Mitternachtssonne hoch im Norden.

Tante fühlte sich hier merklich wohl. Mitten in der rauen Natur streifte sie ihre Alltagssorgen ab und dockte bei der Ausgeglichenheit des Wikingers an. Haakon war mittlerweile oft zu Besuch gekommen oder hatte Ausflüge mit uns gemacht. Der Mann war schlichtweg geerdet, ruhte in sich selbst und stellte mit diesen Eigenschaften einen tollen Gegenpol zu Tante dar. Das Eis zwischen den beiden war längst gebrochen und heftige Anziehungskräfte im Gange, doch sobald er seine Bereitschaft für eine Liebesbeziehung signalisierte, wirkte Tante befremdlich ausweichend. Ich schätzte, dass die Dämonen ihres Traumas sie an einer verdammt kurzen Leine hielten und sie ruppig zurückrissen, wann immer er ihr zu nahekam. Es war eine Tragödie! Trotzdem ließ auch der Wikinger nicht locker. Und wie sich heute zeigte, sollte niemand Geringeres als Thor persönlich diesem Kräftemessen ein Ende bereiten.

Der Wikinger nahm uns zu einer Bergwanderung ins Landesinnere mit. Manchmal musste er mich tragen, denn unsere Wanderroute führte oft über unwegsames Gelände. Die Landschaft um uns herum hatte denselben kantigen Charakter wie die Küste, doch zeigte sie auch verspieltere Gangarten. Wir kamen vorbei an reißenden Bächen, tiefschürfenden Gebirgsschluchten und sogar einem Wasserfall, der über hundert Meter steil eine Bergwand hinunterstürzte und bei seinem Aufprall einen Regenbogen bildete.

Die Vegetation in diesem Winkel von Norwegen erschien mir nicht gerade üppig, aber mir gefielen die Beerensträucher und bizarren Flechtengebilde. Letztere wuchsen auf Felsen und sahen aus wie aufgemalte Blüten. Die meisten waren senfgelb oder graugrün, doch es gab auch welche in leuchtenden Currytönen. Einmal kamen wir an einem alten Runenstein vorbei. Selbst auf ihm prangten blütenähnliche Flechten. Dazwischen rekelten sich germanische Buchstaben und Verzierungen, die Einheimische vor Jahrhunderten in den Stein gemeißelt haben mussten.

Was mich während der Wanderschaft jedoch am meisten in den Bann zog, waren die Spuren und Hinterlassenschaften wilder Tiere. Auerhähne, Bären und Elche … Mein Gewürzprüfer konnte nicht genug davon bekommen und saugte diese aufregende Welt Kilometer für Kilometer ein. Die unberührte Natur der norwegischen Berge vitalisierte meinen Geist, wie ich es nicht für möglich gehalten hatte. Fernab von den Reizen der technisierten Welt spürte ich, wie der Wolf in mir seinen angestammten Platz einnahm und mich innerlich fester machte, bis meine unentwegte Aufmerksamkeit für Tante in den Hintergrund trat und ich meine Mitte wiederfinden konnte. Dabei hatte ich noch nicht einmal gemerkt, dass sie mir abhandengekommen war.

Im Laufe des Tages brauten sich über uns dunkle Regenwolken zusammen. Schließlich barsten Blitze und Donner den Himmel. Es regnete unerbittlich in Strömen auf uns herab. Der Wikinger hatte als waschechter Norweger den Vorzug, kein bisschen wetterempfindlich zu sein, Tante dagegen war ziemlich durch den Wind. Die Nässe in den Bergen machte der Friesin zu schaffen. Haakon musste Tante notgedrungen an die Hand nehmen, weil sie ständig ausrutschte und so. Wenigstens hatte das miese Wetter es geschafft, dass die beiden von nun an händchenhaltend weitergingen. Und irgendwann fanden es die Zweibeiner sichtlich schön, klatschnass durch den Sommerregen zu stiefeln. Ich muss allerdings dazu sagen, dass Haakons Muskeln sich prächtig durch sein nasses T-Shirt abzeichneten und auch die weiblichen Kurven von Tante spitzenmäßig zur Geltung kamen. Dann plötzlich, als die Frau erneut hinzufallen drohte, zog der Wikinger sie einfach an sich und knutschte sie! Tante war von dieser Aktion wohl nicht abgeneigt, denn zwischen den beiden entbrannte ein inniger Kuss. Endlich! Dezent drehte ich mich weg und schaute zu, wie es regnete und regnete und regnete …

Ich freute mich für die zwei, aber weil ich in Tantes Tagebuch ein paar Seiten über ihr Leben in Marokko gelesen hatte, befürchtete ich, dass es für die Frau schwer werden könnte, eine feste Beziehung und ihr Trauma unter einen Hut zu bekommen. Es war nur eine Frage der Zeit, bis Tante mit dem VW-Bus weiterziehen würde. Immerhin konnte ich jetzt ausschließen, dass Tante sich ihre Traumatisierung explizit über eine Liebesbeziehung zugezogen hatte, denn sonst wäre die Verbindung mit dem Wikinger bestimmt nicht zustande gekommen.

30. Marokkanischer Minztee

Ein besonderer Spleen von Tante war es, dass sie während unseres Roadtrips im VW-Bus echte marokkanische Minze gezogen hatte. In einem alten durchlöcherten Zinkeimer. Zuerst konnte man nur zierliche Triebe sehen, doch die Pflanze wuchs wie Unkraut. Nachts oder bei längeren Reiseaufenthalten stellte Tante die Minze nach draußen. Inzwischen war sie zu einem richtigen kleinen Busch herangewachsen und ihre Blätter verströmten einen intensiven Duft.

Als wir nach der Wanderung wieder in unserer Blockhütte angekommen waren, bereitete Tante von der Minze einen marokkanischen Tee für sich und den Wikinger zu. Ihr Rezept sei, wie sie meinte, nicht traditionell, überzeuge jedoch durch eine simple Zubereitung und dem Verzicht der normalerweise benötigten Unmengen von Zucker.

Anstatt kräftigen chinesischen »Gunpowder« verwendete sie weißen Tee. Das ist auch ein Grüntee, nur viel milder. Eine leicht gestrichene Handvoll davon warf sie in eine Teekanne, stopfte drei bis vier blättrige Stiele frischgepflückter Minze mit rein, übergoss alles mit einem Liter kochendem Wasser und ließ das Ganze ziehen, bis die Teeblätter sich vollends entknittert hatten. Dann schenkte Tante die dampfende Flüssigkeit gesiebt in zwei winzige Gläser und versüßte sie mit etwas braunen Kandiszucker. Zu guter Letzt tranken die beiden Zweibeiner den aromatischen Tee, wobei ich sämtliche Haferkekse einkassierte.

Die Friesin erzählte, dass man in Marokko den originalen Tee literweise trinkt. Gunpowder, tonnenweise Raffinadezucker sowie die ätherischen Öle der Minze wirken bei Hitze anregend und wohltuend zugleich. Ihre Kreation sei nicht ganz so stark, aber funktioniere auch bei Arschkälte, steifen Brisen und Schietwetter.

31. Der Wikinger

Natürlich fiel dem frischgebackenen Paar auch noch etwas anderes ein, als Tee zu trinken. Und so wurde unsere Blockhütte unüberhörbar zu Wolke 7, doch zu meiner Erleichterung setzte man mich in diesen gewissen Stunden vor die Tür.

Leicht hätte ich ausbüxen und ganz Norwegen mit seinen famos riechenden Wildtieren unsicher machen können, aber weil ich in Tantes Nähe bleiben wollte, dackelte ich bloß zum Bootsanleger runter und beobachtete Krabben im Wasser. Auch wenn das nicht mit einem Streifzug durch die Berge zu vergleichen war, ergötzte ich mich an meiner Freiheit.

Bei Tante entwickelte sich das genaue Gegenteil. Schon wenige Tage nachdem die Zweibeiner zu einem Paar geworden waren, versuchte der Wikinger die Frau noch enger an sich zu binden, doch der Kerl war so verliebt in Tante, dass er die Sprengkraft seines Verhaltens nicht erkannte. Entsprechend begann es zwischen den beiden immer öfter zu knallen. Ein Höhepunkt jener Streitgespräche war folgende Konversation: »Warum bleibst du nicht einfach bei mir in Norwegen? Die Sommer hier sind zwar kurz, aber dafür haben wir noch richtige Winter. Und jede Menge Jobs«, schlug der Wikinger Tante vor. Das Liebespaar lümmelte schon eine Weile auf dem Sofa in unserer Blockhütte herum. Ich lag genau zwischen den beiden und gab den Anstandswauwau.

»Haakon, die nächste Stadt befindet sich zwei Stunden von hier entfernt, und ich glaube nicht, dass der VW-Bus die Strecke im Winter packt«, entgegnete Tante.

Nachdenklich befingerte der Wikinger seine Bartstoppeln und sagte: »Dann nimmst du halt meinen Volvo. Oder du richtest dir ein Homeoffice ein! Du weißt, ich arbeite schon seit Jahren von Zuhause aus und könnte dir dabei helfen, ebenfalls einen solchen Arbeitsplatz einzurichten.«

Als wäre dieses Vorhaben ein völlig unbeschwerter Akt, schnappte sich der Kerl eine Haarlocke von Tante, zog sie glatt und ließ sie wieder los.

»Außerdem ist das auch viel praktischer, wenn du erst mal kleine Wikinger hast«, flirtete er.

Amüsiert schlug Tante seine Hand weg und konterte: »Du bist wirklich der häuslichste Wikinger den ich kenne! Sind deine Vorfahren nicht eigentlich bekannt für ihre weltweiten Beutezüge?«

»Wieso, meine Eroberung sitzt doch direkt neben mir! Und mal am Rande bemerkt haben nicht alle Wikinger die Meere besegelt. Ein Großteil von ihnen war sesshaft und kümmerte sich um die Sippe.«

Hoffnungsvoll sah Haakon seiner Freundin in die Augen. Als Tante merkte, dass der Mann seine Anspielungen ernst meinte, setzte sie sich etwas ordentlicher hin.

»Du hör mal, Haakon, ich fühle mich echt geschmeichelt von deiner Idee, aber in Marokko ist mein Leben so dermaßen aus dem Gleichgewicht geraten, dass ich nicht sofort wieder in ein anderes Land auswandern möchte. Und im Gegensatz zu dir bin ich absolut nicht der Typ für

Büroarbeit. Ich werde einen Quereinstieg machen müssen, da hast du wohl recht, aber in einem anderen Bereich. Außerdem weiß ich eigentlich gar nicht, ob ich schon belastbar genug bin für einen beruflichen Neuanfang«, erklärte Tante.

»Wir schaffen das schon. Zur Not füttere ich dich erst mal mit durch und du kannst in Ruhe eine Psychotherapie machen.«

»Du hörst mir überhaupt nicht zu! Ich will nicht nach Norwegen umziehen! Und im Übrigen ist der Roadtrip meine Therapie. Wie oft soll ich dir das noch sagen?«

»Es will mir eben nicht in den Kopf, was eine Reise in einem Bulli psychisch schon richten könnte. Du brauchst meiner Meinung nach professionelle Hilfe.«

»Auf keinen Fall!«, protestierte Tante eine Spur zu laut. »Und hör endlich auf, mich in diese Ecke zu drängen, sonst steige ich in den VW-Bus und verlasse dich auf der Stelle!«

Nun wurde auch die Sitzhaltung des Wikingers etwas aufrechter. Er überlegte kurz und meinte: »Hey ... unabhängig davon, ob du in Norwegen bleibst oder nicht, solltest du dein Trauma wirklich behandeln lassen. Es hindert dich an einem normalen Leben! Und steht es nicht auch zwischen uns? Ich habe jedenfalls oft das Gefühl, dass ich nicht an dich herankomme. Du bist wie abgeschottet! Dein Roadtrip hilft dir lediglich dabei, dass du vor deinen Problemen weiter davonlaufen kannst. Verstehe mich doch, ich meine es nur gut mit dir ...«

»Du meinst es gut mit mir? Eine Therapie würde mich zerstören! Begreife das doch endlich!!«, brüllte Tante den Wikinger an. Bestürzt von ihrer eigenen Lautstärke rannte sie nach draußen und schlug dabei die Eingangstür hinter sich zu.

Einen Moment lang war Haakon sprachlos und schaute mich fragend an. Ich wollte gerade mit den Schultern zucken, da ging er forschen Schrittes zur Tür, riss sie wieder auf und hastete der Frau hinterher. Als er sie eingeholt hatte, nahm er sie in seine Arme.

Ich beobachtete die beiden ganz entspannt von der Terrasse aus. Für gewöhnlich konnte ich mich in solchen Situationen auf den Wikinger verlassen. Er hatte trotz allem einen besonderen Draht zu Tante und fand immer die passenden Worte.

Bald schon wanden sich die beiden eng umschlungen und knutschend an mir vorbei. Als sie die Tür vor meiner Schnauze zuschmissen, war wenigstens das einigermaßen leise.

32. Schwedische Gardinen

Unser Aufenthalt am Fjord neigte sich dem Ende zu, denn wie ich es vorhergesehen hatte, war Tantes Reisefieber Tag für Tag ein wenig gestiegen und nun wollte sie unbedingt weiterfahren. Haakon versuchte es gar nicht erst, die Frau zum Bleiben in Norwegen zu bewegen und ließ sie schweren Herzens ziehen. Man bittet auch keinen Vogel aus Liebe nie wieder zu fliegen.

Keiner der beiden zog einen Schlussstrich unter ihre Beziehung, stattdessen beschlossen sie, dass Haakon unseren Roadtrip bis nach Stockholm begleiten sollte. Dort wollte das Paar ein romantisches Wochenende verbringen und dann weitersehen.

Sie holten die Anker ein und segelten los. Der Wikinger saß am Steuer und lenkte unseren alten VW-Bus tausend Kilometer Richtung Südosten. Tante surfte nebenher im Internet und machte in Schwedens Hauptstadt ein Hotelzimmer mit Doppelbett klar.

Ich lag derweil hinten auf der Matratze und überlegte angestrengt, wie ich mich bloß verhalten sollte, wenn die beiden in ihrem gebuchten Liebesnest anfangen würden zu knutschen und so weiter. Bisher war mir das immer erspart geblieben, den Wikinger nackt mit meiner kleinen Schwester erleben zu müssen, was meine Gefühlswelt garantiert überfordert hätte, aber in Stockholm könnten sie mich nicht mal eben vor die Hoteltür setzen. Und es würde mir bestimmt auch nichts bringen, mich unter dem Doppelbett zu verkriechen ... Fuck!

Nachdem wir endlich angekommen waren, sprang ich auf die Seemannskiste und lugte neugierig hinaus. Merkwürdigerweise war das Hotel ein riesiger Altbau mit vielen vergitterten Fenstern. Und neben dem Gebäude deuteten hohe Steinmauern einen angeschlossenen Innenhof an, in dessen Ecke ein Wachturm stand. Beim Einchecken in das Hotel konnte ich weiter nichts sehen, weil Tante mich in ihrem Bundeswehrrucksack versteckt hatte. Danach hörte ich Schritte in einer kalten Akustik widerhallen und schwere Metalltüren quietschen.

Einen Augenblick später stand ich wieder auf freien Pfoten und schaute mich um. Alter Schwede! Das sollte ein lauschiges Zimmer sein? Es war winzig und mit Klappstühlen, zwei fest in Etagen montierten Liegepritschen und einem schmalen Metallspind für Kleidung ausstaffiert. Einziger Lichtblick war das kleine Fenster, aus dem ein Zweibeiner aber nur rausgucken konnte, wenn er sich an den Gitterstäben hochzog. Wir befanden uns definitiv in einer Gefängniszelle!

Haakon starrte Tante entgeistert an. Die sammelte sich einen Moment lang und begann zu erklären: »Also im Internet stand, dass das Hotel ursprünglich ein Gefängnis gewesen ist. Es liegt super zentral auf einer Insel in Stockholm und auch das Essen wurde hochgelobt! Dass wir ausgerechnet in dem Museumstrakt gelandet sind, habe ich wohl bei der Buchung verpeilt. Und ich dachte, Doppelzimmer bedeutet selbstverständlich auch Doppelbett ...«

Nach einer Schweigeminute der Enttäuschung fing das Liebespaar an sich kaputtzulachen und konnte gar nicht wieder aufhören damit. Spaßeshalber versuchten sie sich gemeinsam auf die untere Pritsche zu legen, was nebeneinander oder übereinander vollkommen unmöglich war, jedoch heftige Lachsalven erzeugte. Alternativ wurde auch die obere Pritsche eingenommen und diesmal eine Reiterstellung imitiert. Tante saß also rittlings auf dem Wikinger und knallte dabei mit dem Kopf schmerzhaft an die Zimmerdecke. Sofort krümmte sie sich vor Lachen. Beide kriegten sich überhaupt nicht mehr ein. Was für ein geiler Schenkelklopfer dieses Liebesnest doch war!

Ich wusste, Tante und Haakon würden sich für immer an diese absurde Situation erinnern und jedes Mal darüber lachen können. Lebenslänglich sozusagen.

33. Frühschwimmen in Stockholm

Das Leuchten der Morgenröte fiel durch die Fenstergitter. Ich wollte nach draußen, also jammerte ich meinen Mithäftlingen etwas vor. Der Wikinger schlief weiter wie ein Stein, aber Tante stand auf, zog sich etwas über und stemmte leise die schwere Metalltür unserer Zelle auf.

»Du musst ganz still sein Raffi … Ich bin mir nicht sicher, ob hier Hunde erlaubt sind!«

Wir schlichen über den Flur vom Museumstrakt. Etliche Türen verschlossener Gefängniszellen zogen an uns vorbei, sowie Schaukästen mit Fußkugeln, Eisenketten und Handschellen. Und an den Flurwänden hingen vergilbte Schwarz-Weiß-Fotos, auf denen weibliche und männliche Gefangene mit gestreifter Häftlingskleidung in die Kamera schauten. Recht gespenstisch das Interieur, doch nachdem wir den Museumsbereich verlassen hatten, wurde die Einrichtung des Hotels richtig wohnlich. Das Gebäude strahlte alles andere als eine Gefängnisstimmung aus, vielmehr eine total unverkrampfte Lebensart, in der Menschen sich bestimmt gerne aufhielten.

Tante nahm mich auf den Arm und huschte verstohlen um die Ecken, aber zum Glück begegneten wir keiner einzigen Menschenseele. Selbst die Rezeption war noch nicht besetzt, und so schlüpften wir ungesehen in die Freiheit.

Singvögel berieselten uns mit ihren wohltönenden Melodien. Wir schlenderten über Wiesen voller Morgentau, entdeckten einen noch verlassenen Biergarten und kamen bei einem Sandstrand raus. Die Gefängnisinsel Langholmen gestaltete sich unerwartet idyllisch.

Vom Strand aus konnte ich bestens auf das gegenüberliegende Stockholmer Zentrum gucken. Nur einige Hundert Meter war es von uns entfernt. Im Grunde ist ganz Stockholm zerklüftet von unzähligen Inseln, Halbinseln und Schären, deshalb gibt es auch jede Menge natürliche Badeplätze mitten in der City.

Tante überlegte nicht lange, zog sich bis auf ihre Unterwäsche aus und tauchte in das eisig klare Wasser der Ostsee. Nach etwas Überwindung folgte ich ihr.

Zuerst wurden meine Sinne eingefroren, doch einen Atemzug später erfasste mich eine angenehme Leichtigkeit. Und nach ein paar Minuten realisierte ich hellwach, dass der Tag mit seinen Lasten noch gar nicht geboren war und Frühschwimmen sich wirklich fantastisch anfühlte!

Als dann auch noch der Wikinger am Strand mit einer Papiertüte in der Hand auftauchte, dessen Inhalt nach süßer Hefe und Kardamom duftete, hatte ich schon früh am Morgen ein nicht mehr zu übertreffendes Hochgefühl.

34. Skandinavisches Design

Mein zweiter Eindruck von Stockholm war die Altstadt »Gamla Stan«. Verwunschene Gassen mit Giebelhäusern in Karminrot, Mandarinenorange und cremigen Vanilletönen verliehen diesem Stadtteil etwas Heimeliges. Dazu gesellte sich ein barockes Schloss, vor dem die königliche Wachablösung in ihren traditionellen blauen Uniformen mitsamt Grenadiermützen steif patrouillierte. Ein bisschen ähnelten die Kerle diesen lustigen Nussknackerfiguren und gaben der Altstadt einen weihnachtlichen Touch. Ich konnte nicht anders, als mir Gamla Stan in einem winterlichen Schneegestöber vorzustellen und fand, dass dieser Ort in Miniaturform die perfekte Schneekugel abgeben würde. Diesen Eindruck musste ich mir in Stockholm gleich mehrmals aus dem Kopf schütteln.

Was sich bei unserer Kurzreise durch Stockholm ebenfalls in meinen Gedanken festsetzte, war der Einrichtungsstil der Skandinavier, den ich bisher nur aus den Hochglanzmagazinen von zu Hause kannte. Etliche Kaffeehäuser und Restaurants, durch die Tante und Haakon mich unermüdlich ein Wochenende lang schleiften, bedienten weder ein Klischee noch stellten sie Wohnszenen nach, sondern lebten echte Gemütlichkeit. Nicht die Inneneinrichtung wurde in den Mittelpunkt gerückt, vielmehr die Bedürfnisse des Lebens, was sich auf den Fotos der Zeitschriften durchaus authentisch dargestellt hatte, aber sich selbst in diesen Räumen zu bewegen, setze dem Ganzen noch mal die Krone auf.

Mir als Dackel gefielen insbesondere die niedrigen Sessel mit Tierfellen, alle Holzfußböden und die unaufgeregten Wandfarben. In meinem Kopf kreierte ich eine tolle Hundehütte nach der anderen. Noch in derselben Nacht musste ich heimlich unter Haakons Pritsche googeln, warum ausgerechnet die Nachfahren der Wikinger die Meisterinnen und Meister der Behaglichkeit sind. Ich fand einen Artikel, in dem stand, dass schon vor hundert Jahren die Seefahrt Anregungen japanischer Wohnkultur in den hohen Norden gebracht haben soll, doch hauptsächlich war es wohl langen, harten Wintern und der Sozialdemokratie der Nachkriegszeit geschuldet, dass die Skandinavier ihren typischen Einrichtungsstil entwickelten. Außerdem standen den Menschen hier schon immer Unmengen natürlicher Verarbeitungsstoffe zur Verfügung, was ihre Experimentierfreudigkeit in Sachen Wohndesign bis heute erklären mag.

Auch in der Metropole Stockholm mangelte es nicht an innovativen Einrichtungen. Am krassesten fand ich eine Bar, die wir an unserem letzten Abend besuchten. Das Gebäude am Hafen muss früher mal ein Speicher gewesen sein und bot reichlich Platz. In der Mitte befanden sich Tische aus alten Schiffsplanken und drumherum gebrauchte Schwanensessel. Das alles passte gut zusammen, aber so richtig vom Hocker haute mich erst der Anblick der Decke des Speichers. Sie bestand aus einem offenen Sternenhimmel voller leuchtender Polarlichter! Der Himmel war zwar nur eine Videoprojektion, warf jedoch ein ganz neues Licht auf die blank geschliffenen Tische, denn die sahen nun aus wie reflektierendes Wasser und die Sessel tatsächlich ein wenig wie Schwäne.

So einen Budenzauber hatte ich noch nie gesehen! Und erst Recht keine Polarlichter. Ganz langsam zogen sie wie dichte Nebelschwaden durch den Nachthimmel. Manchmal erhoben sie sich anmutig, streckten und senkten sich wieder, fast so, als würden sie ein modernes Ballett aufführen. Ein anderes Mal verwandelten die Lichter ihre grüne Farbe ins bläuliche bis hin zu purpurnen Tönen und verliehen ihren getanzten Emotionen noch mehr Ausdruck. Ich schaute gebannt zu und erkannte, dass der Videokünstler diverse Sequenzen von Polarlichtern mit einer Kamera aufgenommen und passend hintereinander geschnitten hatte, damit sich die Lichter in einer Endlosschleife bewegen konnten.

Die Einheimischen lehnten sich in den Sesseln zurück, beobachteten das Schauspiel der Polarlichter über sich und offenbarten in ihren Gesichtern etwas von ihrer berühmten Lebensphilosophie. Sie ließen den Stress von gestern und den Kummer von morgen nicht ihren derzeitigen Feierabend bestimmen und kosteten die Gegenwart voller Weisheit aus. Es gab nur eine einzige Person in dem gesamten Raum, die das mit dem Hier und Jetzt einfach nicht hinbekam. Tante rutschte nervös auf ihrem Schwanensessel hin und her und schaffte es nicht, sich innerlich zu setzen. Ihre Vergangenheit hatte die Gegenwart verflucht, weshalb sie sich mit Sicherheit auch vor ihrer Zukunft fürchtete.

35. Therapie

»Und wenn du doch bei mir in Norwegen bleibst? Du könntest es zumindest mal mit einer Psychotherapie versuchen … Hey, ich weiß, du willst mit niemandem über Marokko reden, aber vielleicht hilft das!«

Wir standen mit dem VW-Bus vor dem Stockholmer Flughafen. Der Motor lief. Haakon würde gleich in seinen Flieger nach Hause steigen und schaute die Frau ein letztes Mal an. Er wirkte traurig, bestimmt, weil er genau wie ich ihre Antwort bereits kannte. Tante starrte übers Lenkrad in eine imaginäre Ferne vor sich.

»Nein. Der Roadtrip ist meine Therapie. Ich fahre weiter … Es tut mir leid.«

Ich überlegte, ob ihre Entscheidung richtig war. Seit April waren wir schon mit dem VW-Bus unterwegs. Manchmal waren wir länger an einem Ort geblieben, aber immer hatte das Trauma die Frau irgendwann eingeholt und sie weitergetrieben. Anscheinend konnte der Roadtrip ihre Traumatisierung nicht auflösen, sondern nur einige der Symptome.

Schon der Aufenthalt bei ihrer Familie hatte keine Hilfe dargestellt. Nachdem Tante aus Marokko zurückgekommen war, erkannten ihre Angehörigen recht schnell, dass ihr lustiger Vogel mächtig viele Federn in Afrika gelassen hatte, aber sie ließ niemanden an sich heran. Es litten alle. Nach ein paar Wochen konnte Tante das alles wohl nicht mehr aushalten. Sie packte ihre Sachen in den VW-Bus und brach zu dem Roadtrip auf. Besorgt um seine Tochter hatte Herrchen mich in letzter Sekunde mit an Bord gehievt, nicht ahnend, wie lange sie mit mir unterwegs sein würde.

Der Trip durch Europa zeigte bald Wirkung. Tante war abgelenkt, lernte zu campen, kam herum in fremden Ländern, begegnete netten Menschen und sammelte Inspirationen. Zusätzlich musste sie einen Hund versorgen, weshalb sie sich nicht ständig um sich selbst drehen konnte. Insgesamt kriegte sie viel Neues auf den Schirm und ihr Leben in Marokko verblasste.

Auch körperlich erholte sie sich. Das häufige Baden im Meer, überhaupt die Aufenthalte in der Natur bewirkten, dass sie besser schlafen konnte. Und sie sah auch längst nicht mehr so ungewohnt klapperdürr aus.

Dennoch hatten die Geschehnisse in Marokko eine bleibende Macke in Tantes Gehirn hinterlassen. Manchmal stolperte ihr Bewusstsein über diese schmerzhafte Stelle und stürzte die Frau in ihr Traumaerleben. Wenn sie dem nicht entgehen konnte, stieg sie mit mir in den Bulli, fuhr los und entspannte sich in dem Gefühl, etwas hinter sich lassen zu können. Ich nehme an, dass sie der momentane Eindruck auf der Straße voranzukommen beruhigte, doch in Wirklichkeit trat sie auf der Stelle und nicht selten verlor sie dabei den Boden unter ihren Füßen.

Ich selbst war überzeugt, dass es für Tante eigentlich nur zwei konstruktive Auswege gäbe, die sie in ein einigermaßen normales Leben zurückführen könnten. Die heilende Konfrontation der traumatischen Ereignisse in Form einer professionellen Psychotherapie – eben so wie Haakon es mehrmals vorgeschlagen hatte, oder aber ein Arrangement mit den Geistern und Dämonen, sprich ihre psychischen Nöte anzunehmen und für immer in ihrem Alltag zu integrieren.

Sich jedoch dem einen oder anderen Weg zu stellen, würde Tante viel Kraft kosten. Wahrscheinlich blieb sie deshalb in ihrem Reisemodus.

Tante verabschiedete sich von einem Leben mit dem Wikinger. Sie sortierte ihre Federn, breitete die Flügel aus und flog davon. Der Brüllwürfel spielte leise »Albatross« von Fleetwood Mac.

36. Phönix aus der Asche

Eigentlich wollten wir nach Kopenhagen, aber Tante war down. Ich glaube, dass sie seit der Trennung von dem Wikinger angefangen hatte, ihr schwieriges Los zu begreifen und das nicht nur auf der Beziehungsebene, sondern in allen Bereichen ihres Lebens. Das Trauma an sich war schon hart, doch wie ich nebenbei mitbekommen hatte, zog dieser Schicksalsschlag einen langen Schweif von Problemen hinter sich her. Tantes Existenz in Marokko war ruiniert, ein Lebenstraum zerstört, die berufliche Zukunft ungewiss und ihr soziales Netz war heillos damit überfordert, die angeknackste Frau irgendwie aufzufangen. Ich denke, dass Tante solch belastende Gedanken bisher im Keim ersticken konnte, aber seitdem der Wikinger ihr das Herz mit Liebeskummer vollgestopft hatte, schaffte die Frau es einfach nicht mehr, das Alles zu verdrängen.

Ein paar Tage trieben wir ohne Sinn und Verstand durch Dänemark, fuhren über Brücken, setzten mit Fähren zu anderen Ufern über, doch wir kamen nirgendwo an. Abends campten wir in gottverlassenen Gegenden.

Tante zündete ein spärliches Lagerfeuer an und löschte ihre Verzweiflung mit Rotwein. Morgens, wenn die Frau wieder nüchtern war, zog sie weiter. Irgendwo hin. Hauptsache weg von sich selbst. Also war Tante entweder fluchtartig unterwegs oder betrunken, was zwangsläufig dazu führte, dass alles noch viel schwerer wurde und sie schließlich ganz abstürzte. Glücklicherweise machte sie auf der Insel Langeland eine heilsame Bruchlandung.

Ein betagtes Ehepaar hatte uns am Straßenrand aufgelesen. Die beiden erkannten sofort, dass Tante am Ende ihrer Kräfte stand. Sie beschlossen, uns unter ihre Fittiche zu nehmen und brachten uns mitsamt VW-Bus zu ihnen nach Hause. Wie sich zeigte, lebte das Ehepaar in einem Reetdachhaus nahe am Strand. Um das Haus herum erstreckte sich ein großer Bauerngarten, in dem wir liebenswürdigerweise campen durften.

Tante und ich hatten schnell einen Lieblingsplatz gefunden. An einem Apfelbaum hing eine Sitzhängematte aus einem grobgewebten Stoff. Darin schaukelten Tante und ich oft wie Zwillinge im Mutterleib und lauschten vorbeischnurrenden Hummeln. Manchmal lud uns das dänische Ehepaar auch in ihr Haus ein und servierte uns selbst gebackene Zimtschnecken oder Butterkringel.

Nach ein paar Tagen erholsamer Nestwärme bekam Tante plötzlich Lust auf Gartenarbeit. Darüber freuten sich unsere Gastgebenden und boten ihr an, das Gemüsebeet umzugestalten, welches seit dem Winter noch immer brach lag. Die beiden waren echt nicht mehr die Jüngsten und taten sich mittlerweile schwer daran, das Beet zu bestellen. Sie wünschten sich schon lange eine altengerechte Verwendung dieser Gartenfläche. Also bewaffnete Tante sich mit Hacke und Spaten und machte sich ans Werk.

Zuerst grub sie das Beet um, zertrümmerte Erdklumpen und entfernte die kümmerlichen Reste der Gemüsepflanzen vom Vorjahr. Manchmal kroch sie dabei auf allen Vieren und buddelte mit ihren nackten Händen im Dreck. Wie eine Besessene wühlte sie sich durch den Ackerboden. Stellenweise kämpfte sie mit der graubraunen Masse, als hinge ihr Leben davon ab. Einmal schlug sie sogar grundlos mit ihren Fäusten auf den Boden ein! Ich konnte mir nicht helfen, aber ich hatte den Eindruck, dass sie dort in der Erde auch etwas Persönliches verarbeitete.

Als sie das Beet zum Schluss fein geharkt hatte, klopfte sie den Staub von sich ab und machte sich an die Bepflanzung. Die zu gestaltende Fläche war vielleicht zwanzig Quadratmeter groß und von Rasen umgeben. Tante streute Grassamen in die Ecken, um ihre Form in etwas Rundes zu verwandeln. Als optischen Höhepunkt setzte die Frau in der Mitte einen jungen Fliederbaum, der später einmal weiße opulente Rispen tragen und Schmetterlinge anziehen sollte. Ansonsten pflanzte sie mehrere Büsche schwarze Johannisbeere und auf die noch kahlen Zwischenräume warf sie Samen von wilden Lupinen.

Zwar würde Tante das Wachstum der Pflanzen, vor allem ihre Blüten und Früchte nicht miterleben können, aber in den Augen der Gärtnerin entdeckte ich eine alles überstrahlende Zuversicht.

37. Märcheninsel

Nachdem Tante ihr emotionales Tief überwunden hatte, unternahm sie ausgedehnte Spaziergänge mit mir. Weil wir uns dabei auf einer lang gezogenen schmalen Insel befanden und somit fast immer einen Blick auf die Ostsee hatten, wollte Tante als Nächstes eine Fahrradtour von einem Ende der Insel zum anderen machen. Sie erzählte dem Ehepaar von ihrem Vorhaben, das sogleich ein altes Damenrad aus der Garage holte. Zwar stammte das Ding aus den 50er-Jahren und besaß keine Gangschaltung, aber als Tante eine Probefahrt damit machte, schien sich das Teil ganz mühelos zu treten. Sie war hin und weg von dem Rad. Noch in derselben Stunde takelte sie meinen Hundekorb hinten auf dem breiten Gepäckträger fest und machte die Leinen los.

Während Tante die meiste Zeit aufs offene Meer schaute, konzentrierte ich mich auf die Beschaffenheiten der Insel. Am Anfang unserer Fahrradtour hatte ich den Eindruck, Langeland würde schier aus Strand bestehen, bis sich mit jedem gefahrenen Kilometer dieses Bild erweiterte. Es gab Getreidefelder, Waldflächen, Hexenhäuschen, niedliche Dörfer und fürstliche Herrenhöfe, aber der eigentümlichste Anblick waren die vielen Hünengräber und Wildpferde.

Tante machte überall Halt, wo es ihr gefiel. Besonders angetan war sie von den winzigen Verkaufsständen am Straßenrand. Hier boten die Dänen quasi direkt vor der Haustür ihre eigenen Produkte an, wie zum Beispiel Kartoffeln, Rhabarber, frische Eier, Honig oder selbst gemachte Marmeladen. Man nahm sich einfach, was man haben wollte und warf das Geld in eine Dose.

Irgendwann kamen wir bei einem knallroten Schloss raus, das vor dem blauen Himmel ein wahrer Blickfang gewesen ist. Leider handelte es sich dabei um ein Privatanwesen, doch wir konnten das ehemalige Reitstallgebäude nebenan besuchen, welches zu einem Restaurant umgebaut worden war.

Hier hatte man eine Reihe der Pferdeboxen erhalten und diese zu einzelnen Tischnischen für Gäste umfunktioniert. An den Wänden prangte jeweils noch ein Messingschild mit dem eingravierten Namen des Pferdes, das hier vor über hundert Jahren einmal gestanden haben musste. Die Bodenpflasterung zeugte ebenfalls von den Gebrauchsspuren jener Epoche.

In meinem Kopf löste sich ein Bild nach dem anderen, bis ein richtiger Film in mir ablief. Ich sah die Geschäftigkeit mehrerer Stallburschen und hörte ein längst vergangenes Hufgeklapper, sowie das Wiehern eines weißen Schimmels. Gleichzeitig begrüßte uns ein Mann hinter einer modern ausgeleuchteten Bar.

Im Grunde hatte die gesamte Insel diese bezaubernde Wirkung, die auch Tantes Fantasie zu beleben schien. Ich konnte es geradezu an ihren Augen ablesen, wie sie in eine Märchenstunde abdriftete und sich weit weg träumte, vermutlich in die starken Arme eines gewissen norwegischen Prinzen.

38. Die fliegende Seemannskiste

Unser nächstes Ausflugsziel befand sich fast drei Stunden Fahrzeit mit dem VW-Bus von Langeland entfernt, aber unsere beiden Gastgeber waren der Meinung, dass Tante dieser Stadt unbedingt einen Besuch abstatten müsse und hatten ihr den genauen Hinweg auf einen Zettel skizziert.

Nichtsdestotrotz erwies sich diese durchgeplante Fahrt als eine ins Blaue, denn unterwegs konnten wir des Öfteren einen Blick auf die dänische Südsee werfen. Tante war hellauf begeistert von den für ein Meer im Norden ungewohnten Farben, und schon dudelte der Brüllwürfel den Song »Crystal Blue Persuasion« von Tommy James & The Shondells.

Nachdem wir endlich in Kopenhagen angekommen waren, ging Tante als Erstes mit mir Gassi, oder wie man hierzulande sagt »den Hund lüften«. Der Park, durch den wir dabei flanierten, war jedoch keine wirkliche Grünanlage, obgleich die unzähligen Bäume und Blumenrabatten rund um einen See durchaus diesen Eindruck vermittelten, sondern ein Rummelplatz. Fellnasen war der Zutritt nicht gestattet, weshalb ich die meiste Zeit im

Bundeswehrrucksack hockte und nur heimlich unter dem Deckel hinausspähen konnte. Das machte mir aber nichts aus, denn von der Dackelperspektive hätte ich aufgrund der vielen Menschenbeine um mich herum sowieso kaum etwas von dem Vergnügungspark gesehen.

Der Tivoli wurde vor über 170 Jahren eröffnet und strahlt reichlich Nostalgie aus, doch fiel mir auf, dass sich keines der älteren Karussells von den Loopings der modernen Fahrgeschäfte vor Ort die Show stehlen ließ. Ganz im Gegenteil. Es war dieser Vintage, der die Parkbesucher in eine ferne Welt beamte, nicht die Achterbahnfahrt mit beschleunigter Helixdrehung. Das historische Riesenrad zum Beispiel war eigentlich klein und lediglich mit sechs Kabinen behangen, die jeweils von Nachbildungen hübscher Heißluftballons getragen wurden, was für die Menschen von damals zum Schreien gewesen sein muss.

Auch Tante schien vom Tivoli fasziniert. Sie bummelte an seinen Kulissen vorbei und blieb vor Bauwerken wie dem orientalischen Palast kurz stehen. Ab und zu reichte sie mir mit verschränktem Arm einen Fetzen von ihrer Erdbeer-Zuckerwatte über ihren Kopf nach hinten. In diesen Momenten sahen mehrere Parkbesuchende einen Dackel aus dem Bundeswehrrucksack herausschnellen, der wie ein Orca mit seinem Maul das Stück rosa Wolke schnappte, doch keiner verpetze den blinden Passagier. Ich befürchtete allerdings, dass sich das mit dem geschmuggelten Dackel etwas komplizierter gestalten könnte, wenn Tante den Wunsch verspüren sollte, in ein Karussell zu steigen. Die Kontrolleure würden bei meinem Anblick bestimmt nicht schmunzelnd wegschauen.

Als die Zweibeinerin sich den letzten Rest Zucker von den Fingern geleckt hatte, blieb sie verdächtig lange vor einem Fahrgeschäft stehen. Sie plante also tatsächlich eine Runde zu drehen! Weil sie diese Fahrt, die womöglich kometenhaft schnell und kopfüber ginge, mit Sicherheit ohne Hund antreten würde, probte ich im Geiste schon den zermürbendsten Aufstand eines Dackels aller Zeiten, denn ich wollte auf Gedeih und Verderb mitfahren!

Zu meiner Verblüffung latschte Tante stumpf an dem Personal vorbei bis hin zu ihrem Sitzplatz, wo sie ihr Bündel vom Rücken auf den Schoß nahm. Und schon ging es mit einem leichten Ruck los.

Um abzuchecken, mit welcher krassen Achterbahn wir wohl gleich durch den Himmel sausen würden, lugte ich aus meinem Versteck heraus … Beim Klabautermann! Wir fuhren durch einen geschlossenen Raum und das allerhöchstens mit Schrittgeschwindigkeit! Tante hatte sich allen Ernstes in eine Art Erlebnisbahn für Kinder gesetzt. Enttäuscht ließ ich meinen Kopf hängen. Dabei sah ich, dass unsere Fahrkabine einen aufgeklappten Reisekoffer darstellte und dieser eine frappierende Ähnlichkeit mit unserer Seemannskiste im VW-Bus besaß. Und nachdem wir einige Meter über die Schienen geruckelt waren und uns auf einmal drei monströse Wachhunde böse anguckten, blieb mir die Spucke ganz weg.

Allmählich begriff ich, dass wir durch diverse Szenen aus den Märchen von Hans Christian Andersen gezogen wurden. Kunstvoll entrollten sie sich nach und nach in greifbarer Nähe neben uns. Manchmal bewegte sich die Seemannskiste etwas nach links oder rechts zu dem jeweiligen Geschehen, und eine dänische Stimme vom Band kommentierte die Handlungen der reglosen Spielfiguren. Dabei wirkten die Räume wie die einer kunterbunten Retropuppenstube und die Landschaften – insbesondere die mit den

Fingerhüten – wie von Elfen ausgeschnitten. Und obwohl ich keineswegs auf so ein Gedöns stehe, konnte ich diesem hier einfach nicht widerstehen und ließ mich davon in der Seemannskiste mitreißen. Tante erging es gleichermaßen.

Mit glänzenden Kinderaugen rauschten wir vorbei an einer Königin, umweht von filigranen Eiskristallen, tauchten durch eine Gruppe Meerjungfrauen oder wunderten uns über einen Stapel Matratzen in einem adeligen Schlafgemach. Zwar erkannte ich nicht alle Märchen, aber da biss die Maus keinen Faden ab.

Am Ende der Fahrstrecke war ich noch mal völlig aus dem Häuschen. Dort saß nämlich Hans Christian Andersen himself in einem Frack am Schreibtisch und kritzelte mit einem Federkiel auf Papier. Als er mich in der Seemannskiste an ihm vorbeifahren sah, hielt er inne und nickte mir ehrerbietig zu.

Am späten Nachmittag marschierten Tante und ich über ein Armeegelände. Kasernenklinker und wellenförmige Verteidigungsanlagen strukturierten den längst verlassenen Militärstützpunkt mitten in der Hauptstadt Dänemarks, beherrscht wurde er jedoch von den Graffitis und Wandmalereien einer alternativen Wohnsiedlung. Wir befanden uns im »Freistaat Christiania« – in den 70er-Jahren berühmt berüchtigte Heimat von Hausbesetzerinnen und Hausbesetzern, Hippies und Kunstschaffenden, heutzutage eher bekannt als Kifferparadies.

Je mehr wir in dem Stadtteil herumstreiften, desto wilder wurde es. In einer Straße durfte Tante mit ihrem Handy keine Fotos machen, weil sich Haschischdealer davon gestört fühlten. In anderen Bereichen entfalteten sich kreativ gebaute Holzhäuser und Sonnenblumen, wohin man sah.

Überhaupt waren die Gärten in Christiania herrlich verwunschen. Alles war irgendwie unkonventionell gestaltet. Aus den alten Kasernen hatten die Bewohnenden unter anderem eine Konzerthalle und ein Badehaus gemacht. Auch Handwerksbetriebe hatten ihren Weg in den Mikrostaat gefunden. Und egal wo wir umhergingen, ständig mussten wir diesen Lastenfahrrädern ausweichen.

Was mich an dem Ort aber am meisten erstaunte, war meine Gefährtin. Die fühlte sich nämlich ausgerechnet in der Hipppierepublik irgendwie nicht wohl. Auf Ibiza hatten wir wochenlang locker flockig mit Blumenkindern rumgehangen, doch in Christiania zeigte Tantes Körper eine überaus nervöse Anspannung. Zunächst führte ich das auf den Dealer in der Pusher Street zurück, der sie wegen ihres Fotografierens wohl etwas zu hart angepflaumt hatte. Erst Stunden später, als alles schon zu spät war, überlegte ich, ob Tantes Gestresstsein nicht eher eine Alarmbereitschaft signalisiert und schon vor der Begegnung mit dem Drogenhändler eingesetzt hatte.

Bis heute ist mir der Vorfall, der sich in Christiania noch zutrug, ein Buch mit sieben Siegeln. Ich weiß bloß, dass Tante einen superheftigen Flashback ihres Traumas erlitt. Dutzende Male habe ich die folgende Szene in meinem Kopf abgespielt und jedes Detail aufs Neue beleuchtet, doch den Auslöser für ihr Triggern nicht identifizieren können.

Tante hatte an einem Straßencafé Platz genommen und bei einer Frau mit lustig aufgetürmten Dreadlocks eine Afri-Cola bestellt. Kurz darauf jonglierte diese das Getränk an unseren Tisch. Ich schnupperte an den Sneakers der jungen Dänin und wusste, dass sie Hundebesitzerin war. Nachdem sie mich entdeckt hatte, fragte sie mit quietschiger

Stimme nach meinem Namen. Weil sie fließend Deutsch sprach, kam sie mit Tante ins Plaudern. Sie drehte sich eine Zigarette, erzählte dabei von ihrem Husky und setzte sich schließlich zu uns. Tante rückte zwar noch immer nicht von ihrer mysteriösen Angespanntheit ab, dennoch spürte ich, wie sie in der Gegenwart der Dänin auftaute.

Als diese den Glimmstängel geraucht hatte und wieder ihrem Job nachging, kam ein kahlrasierter Typ an unseren Tisch. Ich erinnere mich noch immer an seinen strengen Geruch, selbst an seine Halskette mit dem kleinen Höhlenkristall. Er sagte kein einziges Wort, stattdessen drückte er Tante einen mehrseitigen Flyer in die Hand. Die bedankte sich und las die erste Seite interessiert durch. Plötzlich kollidierte auf der gegenüberliegenden Straßenseite ein Fahrradfahrer mit ein paar Umzugskartons und ging dabei zu Boden. Ihm war nichts passiert, denn er stand gleich wieder auf, aber er begann auf seine Schrottmühle einzutreten und wütete dabei wie ein Berserker. Weil ich mich fragte, was Tante von diesem aggressiven Verhalten hielt, schaute ich zu ihr hoch und stellte fest, dass sie sich bereits in Marokko befand.

Auch als sie die Straße runter rannte, fand ich kaum Anschluss. Ich keuchte hinter ihr her und roch ihre Furcht nur flüchtig. Erst als sie den VW-Bus erreicht hatte, die Beifahrertür aufmachte und mich auf den Sitz hob, konnte ich ihren schmerzverzerrten Gesichtsausdruck sehen. Sie knallte meine Tür zu und eilte zur Fahrerseite, schloss auf, nahm neben mir Platz und drehte hektisch den Schlüssel im Zündschloss um. Der Motor heulte auf und dann rasten wir durch Kopenhagen, als gäbe es keinen Morgen. Selbst als es dunkel geworden war und nicht mehr weit bis nach Langeland, ging Tante nicht vom Gaspedal.

Erst nachdem man uns geblitzt hatte, hielt die Frau am Straßenrand an und ließ ihren Gefühlen freien Lauf. Die Tränen platschten nur so auf ihre Jeans. Hilflos saß ich daneben und merkte, dass mir diese Szene ziemlich bekannt vorkam. Sie erinnerte mich an unsere Abreise aus Friesland, als Tante mitten in der Nacht aufgewühlt von zu Hause weggefahren war, mit dem Unterschied, dass ich ihr nicht mehr als Fremder meine Schlappohren zum Trost hinhielt, sondern als ein guter Freund.

39. Glück

Ein erster Lichtstrahl erhob sich aus dem Morgengrauen und fiel auf die Discokugel, doch die rührte sich nicht. Ich schaltete den Laptop aus und sah rüber zu Tante, die sich die ganze Nacht unruhig auf der Matratze herumgewälzt hatte. Manchmal hatte sie dabei ihre Daunendecke zur Seite gewühlt, aber weil es ein wenig klamm im VW-Bus gewesen war, hatte ich sie ihr immer wieder bis unters Kinn gezogen.

Ich beschloss, Tante ausschlafen zu lassen und zwängte mich durch den offenen Spalt der Schiebetür nach draußen in den Bauerngarten, um den blühenden Hortensien ein wenig Dünger zu verschaffen. Im Haus hörte ich fröhliche Stimmen. Bestimmt saßen unsere beiden Eheleute am Frühstückstisch und fühlten sich total »hygge«.

Diese berühmte Wohlbefindlichkeit ist aber nicht das einzige, worauf sich das nordische Volk versteht, denn ich hatte mal gelesen, dass in Glücksstatistiken die Dänen sogar weltweit die Nase vorn haben. Und das auch schon seit vielen Jahren. Ich fragte mich, um was für eine Art Glück es sich eigentlich dabei handelte. War es allgemeine Lebensqualität, eine besondere Denkweise oder die reine chemische Reaktion im Gehirn? Keine Ahnung. Die Definition von Glück scheint ohnehin bei jedem Individuum anders auszufallen.

Ich selbst erlebe das vollkommene Glück, sobald ich meine verrückten fünf Minuten habe. Wie vom Hafer gestochen sprinte ich los, renne mehrmals im Kreis herum und mache dabei vor Glück strotzende Grunzgeräusche. Ich fühle mich einfach sauwohl und schnappe vor lauter Happyness über! Wovon dieser Zustand ausgelöst wird, weiß ich allerdings nicht.

Tante dagegen verfügt über ein genaues Rezept, um sich oder andere Menschen glücklicher zu machen. Jedenfalls erklärte sie das dem alten Ehepaar, als sie im Laufe des Vormittags bei ihnen auf der Matte stand und verkündete, ihnen in der Küche eine kleine Freude zubereiten zu wollen. Zunächst protestierte unsere Gastgeberin und unser Gastgeber, weil Tante recht mitgenommen wirkte, doch als sie sagte, dass alles in Ordnung sei und sie nur etwas zu tun bräuchte, ließen sie die Frau gewähren. Auf die Nachfrage, wie ihr Kopenhagen gefallen habe, erwiderte die Friesin, dass sie die Stadt ganz toll fand, insbesondere den farbenprächtigen Nyhavn, obwohl wir dort gar nicht gewesen sind.

Mit überraschendem Elan haute Tante mehrere Eier, weiche Butter, Vanillinzucker, echten Kakao und Backpulver in eine Schüssel und knetete alles zu einem bittersüß duftenden Teig. Anschließend streute sie etwas Mehl auf den Küchentisch und rollte darauf einen Teil der Knetmasse dünn aus. Dann kam der Clou. Vor einigen Jahren hat der Geheimbund der Dackel eine Abteilung gegründet, die auf der ganzen Welt Produkte vermarktet, um unsere Rasse populärer zu machen. So kam es, dass Tante beim Shoppen in Stockholm einen Plätzchenausstecher in der Form eines Dackels erworben hatte. Selbstverständlich war das Teil im Ganzkörperprofil und aus bestem Edelstahl. Ein Must-have für jeden Haushalt! Folglich wuchs auf dem Backblech eine Armee aus schokoladenbraunen Dackeln heran. Ganz am Anfang der Backsession hatte Tante den Ofen vorgeheizt. Da kamen die flachen Kollegen nun rein. Ich beobachtete durch das Guckloch, wie sie aufgingen und ihre Brustkörbe stattlich anschwollen.

Als Tante die Jungs wieder aus dem Backofen rausholte, bestäubte sie die Kekse noch mit etwas Puderzucker. Leider durfte ich wegen meiner Schokoladenunverträglichkeit keinen einzigen probieren, doch Tante warf mir ein paar getrocknete Sprotten zu, was mich ganz zufrieden stimmte. Und Zufriedenheit ist meiner Meinung nach noch immer die nachhaltigste Version von Glück.

40. Ferngespräche

Zur Kaffeezeit kredenzte die Frau unserem dänischen Ehepaar ihre selbst gebackenen Schokoladenkekse. Nachdem die drei einen lebhaften Schnack begonnen hatten, schlich ich mich aus dem Haus. Schon seit Tagen hatte ich auf eine solche Gelegenheit gegeiert, denn ich wollte mich endlich mal wieder mit meinesgleichen austauschen. Ich spekulierte darauf, dass Tantes Smartphone noch immer neben der Matratze im VW-Bus lag. Als ich es wie erhofft gefunden hatte, öffnete ich verstohlen mein Maul.

Wenn wir Dackel unter uns sind, sprich kein Mensch in der Nähe ist und wir laut miteinander reden können, tun wir das nicht in der menschlichen Sprache. Wir schaffen es einfach nicht, jene Buchstaben und Laute zu artikulieren, weil unsere Zungenspitzen dafür zu dünn und zu weich sind. Die menschliche Sprache hört sich bei uns eher an wie eine Mischung aus Spucken und Röcheln. Lediglich ihre Schriftform beherrschen wir.

Für das gesprochene Wort haben wir unsere eigene Sprache entwickelt. Dackelisch. Sie ähnelt akustisch dem Chinesischen und ist mehr ein Singsang im Rachen, dennoch klingt Dackelisch ein wenig gelallt und ist auf Dauer für alle Beteiligten anstrengend. Das ist wahrscheinlich auch ein Grund, warum sich so viele Dackel leidenschaftlich der Schriftstellerei widmen. In diesem Bereich können sie sich ausdrücken und miteinander kommunizieren, wie ihnen das Maul gewachsen ist. Allerdings ist die Abhängigkeit von einer Tastatur sowie den digitalen Netzwerken ein immenser Nachteil. Erschwerend kommt hinzu, dass wir mit unseren Pfoten nur langsam tippen können. Smartphones sind dabei eine wahre Geduldsübung. Mit Zehenballen auf ihren Bildschirmen zu wischen geht ja noch, aber das Treffen der winzigen Buchstabenfelder mit der Kralle ist jedes Mal eine Herausforderung! Und egal ob Knopftastatur, Touchpad oder Maus, alles geht nur mit einer Vorderpfote, denn die andere brauchen wir zum Abstützen unseres Körpers. Lange Rede, kurzer Sinn, – wenn wir Dackel uns über die Ferne unterhalten möchten, ist Skypen die beste Wahl, darüber hinaus sprechen unsere Blicke bekanntermaßen Bände.

Ich apportierte das Handy also runter zum Strand. Im Schutze der Sanddünen lehnte ich es an einen vertrockneten Haufen Seetang, vergewisserte mich noch mal, ob sich auch wirklich keine Menschenseele in der Nähe befand und rief meinen Freund Spike an. Ein Bildschirm ging auf, und ich konnte ihn klar und deutlich sehen.

»Moinsen, Spike, du alte Socke! Na, alles klar in Friesland?«, begrüßte ich ihn auf Dackelisch.

»Ich glaub es ja nicht, der Raffi höchstpersönlich! Moin! Schaffst du es also endlich mal mich anzurufen«, erwiderte Spike. »Wo seid ihr denn gerade? Etwa noch auf Ibiza, wie du in der letzten Nachricht geschrieben hast? Ey, ich kann im Hintergrund das Meer sehen!«

»Nein, wir sind auf einer dänischen Insel. Vorher waren wir noch in Norwegen und Schweden unterwegs.«

»Krass! Du kommst ja viel herum. Aber sag mal, warum schreibst du mir denn so selten?«, wollte Spike wissen. Der Vorwurf in seiner Stimme war nicht gerade dezent. Daraufhin erklärte ich mich: »Ach, weißt du, meine Begleiterin trägt ihr Handy meistens bei sich. Einen anderen Internetzugang habe ich nicht, und wenn ich nachts das Teil in die Pfoten bekomme, gehe ich allenfalls ins Internet, um Sachen für mein Logbuch zu recherchieren.«

»Du schreibst Logbuch? Das wusste ich ja gar nicht! So richtig mit Koordinaten, Wetterbericht und dem ganzen anderen Datenkram?«, wollte Spike wissen.

»Nein, es ist eigentlich mehr ein Reisetagebuch, aber Logbuch klingt irgendwie cooler.«

Daraufhin sagte Spike nichts, lediglich in seinem Gesicht erkannte ich die Schmach. Verlegen erinnerte ich mich daran, dass er mich schon oft hatte dazu bewegen wollen, etwas für seinen Blog zu schreiben, doch stets hatte ich abgewunken. Zudem war Spike für den Geheimbund der Dackel einer der bedeutsamsten Influencer unserer Zeit, ich dagegen war bloß ein einfacher Jagdhund und befürchtete, als Schreiberling nur noch mehr in seinem Schatten zu stehen. Alles in allem hätte ich mein Logbuch besser gar nicht erst nicht erwähnen sollen und ruderte im Geiste schon ein Stück zurück.

»Sag mal, Raffi, kann ich das Teil lesen, wenn du wieder da bist? Ich komme doch nie raus aus Friesland, und so könnte ich wenigstens in meiner Vorstellung reisen«, steuerte Spike bei, anstatt mir meine unerwähnte Schreibflut krummzunehmen.

»Ja, vielleicht«, antwortete ich ihm, dabei wusste ich ganz genau, dass mein Logbuch niemals jemand zu lesen bekommen würde. Irgendwie hatte es im Laufe der Zeit die

Ähnlichkeit eines Romans angenommen, und für einen Dackel ohne Studienabschluss, der obendrein noch keine einzige Zeile in seinem Leben veröffentlicht hat, war das wohl mehr als anmaßend.

»Wie läuft es mit deinem Blog?«, fragte ich Spike.

»Bestens! Der Geheimbund hat meine Homepage international noch mal auf Vordermann gebracht. Du kannst dir gar nicht vorstellen, wie meine Traffic gestiegen ist. Und weißt du was? Die meisten Likes hat dein Welpenfoto bekommen. Echt wahr!«, berichtete Spike.

Das ging bei mir runter wie Öl. Endlich hatte auch meine Wenigkeit einen Nutzen für den Geheimbund der Dackel bewiesen, doch bevor ich in eine Gefühlsduselei abrutschte, wechselte ich das Thema: »Du, sag mal, hast du mein Herrchen hin und wieder getroffen?«

Das nickte Spike ab und meinte: »Er ist Frauchen und mir ein paar Mal über den Weg gelaufen. Zum Einkaufen geht er jetzt immer allein ins Dorf. Und letztens habe ich gesehen, wie er seine Jagdsachen in den Kofferraum seines Autos gepackt hat. Wirklich motiviert sah er dabei nicht aus. Ich schätze, du fehlst ihm.« Spike sah sich nervös um. »Du, hör mal Raffi, ich muss jetzt leider schon Schluss machen. Frauchen kommt just aus der Dusche raus. Vom Timing her war dein Anruf genau richtig, sonst hätte ich den nicht entgegennehmen können.«

Das stimmte wohl. Egal in welcher Form wir Dackel uns anrufen, meistens sind wir dazu verabredet oder haben feste Zeiten, ansonsten besteht das Risiko, dass unsere jeweiligen Besitzer oder Besitzerinnen ans Telefon gehen. Es lässt sich aber nicht alles auf diese Weise kontrollieren, und so passiert es beispielsweise schon mal, dass ein Mensch den Telefonhörer abnimmt und am anderen Ende der Leitung ein panischer Dackel sitzt. In diesen Fällen tun wir so, als hätten wir uns verwählt und legen auf.

»Also bis bald mal wieder, Raffi. Und halt die Schlappohren steif!«

»Jo, wird gemacht. Tschüss, Spike!«, verabschiedete ich mich, bevor das Bild meines Kumpels erlosch.

Betreten dachte ich an Zuhause. Herrchen musste seit meiner Abreise alles allein unternehmen, und obwohl ich mir diesbezüglich nichts vorzuwerfen hatte, überkam mich ein schlechtes Gewissen. Das wiederum weckte in mir ein Schuldgefühl, das noch viel schwerer wog! Kurzentschlossen wählte ich den damit verbundenen Kontakt. Sie ging sofort ran, als hätte sie direkt neben dem Smartphone auf der Lauer gelegen.

»Hallo, Mama! Wie geht es dir?«, begann ich das Gespräch.

»Junge! Endlich! Wie konntest du es wagen, dich wochenlang nicht bei mir zu melden? Ich bin fast krank geworden vor Sorge!«, bluffte Mama mich an. »Bist du etwa noch immer mit dieser verrückten Tante am Reisen?«

Ich betrachtete Mama einen Moment lang. Ihr Kinn erschien mir eine Nuance grauer als sonst.

»Ja, Mama«, sagte ich kleinlaut.

Mein abenteuerlicher Roadtrip mit Tante war ihr definitiv ein Dorn im Auge. Zwar wusste ich um ihre mütterliche Besorgtheit, dennoch hatte ich mich kaum bei ihr gemeldet. Zurecht regte sie sich nun auf.

»Wo soll das denn hinführen, Raffi? So lange seid ihr nun schon unterwegs!«, meinte Mama zerknirscht.

Ich überlegte, wie ich sie wieder beschwichtigen könnte. Da fiel mir eine Angelegenheit ein, für die Mama sich garantiert erwärmen würde und begann zu erzählen:

»Immerhin hat Tante sich verliebt! Als wir in Norwegen waren, machte sie die Bekanntschaft mit einem jungen Mann. Das knisterte richtig zwischen den beiden, aber letztlich hat Tante sich wieder ihrem Roadtrip zugewandt. Wegen ihres Traumas ging es wohl nicht anders. Jetzt leben die beiden voneinander getrennt.«

Andächtiges Schweigen seitens Mama. Bei ihr ist Liebe genau wie bei Tante ein unausgefülltes Kapitel.

Meine Eltern haben sich erst an meinem Zeugungstag kennengelernt. Das hatten ihre Besitzer so arrangiert. Zum Glück tragen wir Dackel bei solchen Begegnungen nicht die Kirche ins Dorf, – der Funke springt entweder über oder eben nicht. Bei Mama und Papa tat es das auf Anhieb – sehr sogar –, doch nach ihrer Zusammenkunft haben sie sich nie wieder treffen können, weil Papa in Schwerin lebt.

Die Züchtung von uns Dackeln liefert eine Menge trauriger Geschichten. Wir werden aufgrund gezielter Rassemerkmale miteinander vermählt. Nur selten erhalten wir die Möglichkeit, einen Partner aus Liebe heraus zu wählen und mit ihm ein gemeinsames Leben zu verbringen. Und haben wir Welpen, werden diese weit weg von uns zu anderen Herrchen und Frauchen gebracht, obwohl es in unseren Genen liegt, in Rudeln leben zu wollen.

Ich wünschte mir, dass eines Tages eine Generation von Züchtern heranwächst, die uns nicht aufgrund von Rassemerkmalen miteinander paart, sondern uns Dackel ganz frei Liebe machen lässt! Oder besser noch, dass die Menschheit uns endlich eine höhere Wertschätzung entgegenbrächte, damit wir Dackel unsere Identität nicht länger verstecken müssen.

Doch genau an dieser Stelle liegt ein verzwicktes Problem. Wir können nur abschätzen, ob die Menschen schon dazu bereit sind, uns gleichberechtigt in ihre Gesellschaft einzuführen. Die Wahrheit liegt irgendwo zwischen der Vermenschlichung von Haustieren und einer infamen Massentierhaltung. Dementsprechend hält der Geheimbund seine schützende Tatze über uns, aber vielleicht ist genau das falsch und wir bräuchten eher einen Schubs. Ich sollte Spike echt mal anhauen, probeweise einen Text zu veröffentlichen, bei dem wir Dackel sämtliche Hüllen fallen ließen! Es könnte doch sein, dass die Zweibeiner ganz vernünftig reagieren, wenn sie feststellten, dass eine bestimmte Tierart ein menschenähnliches Bewusstsein entwickelt hat ... In meiner Vorstellung saß ich bereits mit meiner kleinen Schwester an einem Tisch und sprach mit ihr über all das, worüber wir beide so lange geschwiegen hatten.

»Und deshalb bleibt den beiden ein Zusammenleben verwehrt?«, riss Mama mich aus meinen Gedanken. Solange ich sie kenne, hatte sie ein Herz für unglücklich Verliebte bewiesen.

»Ja. Ich befürchte, dass in Marokko etwas bei Tante kaputtgegangen ist«, erklärte ich.

»Verstehe. Die arme Frau! Und der Norweger ist bestimmt auch traurig«, meinte Mama voller Mitleid.

»Gesagt hat er zwar nichts, aber Glückshormone konnte ich am Tag ihrer Trennung keine mehr bei ihm riechen.«

»Wie schrecklich! Raffi, mein Junge, kannst du die beiden nicht doch noch verkuppeln?«

»Das denke ich nicht Mama. Von Tantes Handy aus habe ich dem Norweger mal eine SMS geschickt. Hab so getan, als wäre ich Tante. Die litt an diesem Abend ganz besonders an Liebeskummer und ertränkte sich geradezu in Rotwein. Ich hatte gehofft, er würde ihr antworten, was er aber bis heute nicht getan hat.«

Mama dachte einen Moment lang nach und sagte:
»Versuche es einfach noch mal. Wenn die beiden sich wirklich so lieben wie du sagst, werden sie schon einen gemeinsamen Weg für sich finden. Menschen haben weit aus mehr Möglichkeiten als wir Dackel.«

Plötzlich hörte ich, wie eine Frauenstimme meinen Namen rief. Anscheinend suchte Tante mich. Mama musste das Rufen ebenfalls gehört haben.

»Und denke immer daran, Raffi. Hinterlasse keine digitalen Spuren!«, ermahnte sie mich hastig.

»Ja, Mama.«

»Und melde dich gefälligst öfter bei mir!«

»Ist gut, Mama. Tschüss!«

»Tschüss, mein lieber Junge. Pass gut auf dich auf!« Als ich der Kameralinse noch einen Kuss draufdrücken wollte, war Mamas Bild bereits weg. Im Hintergrund rauschte die kalte Ostsee.

41. Maritimes

Als Tante wieder Fahrt aufgenommen und wir Langeland verlassen hatten, meldeten mir meine feinen Antennen, dass der Fahrstil der Frau zielstrebiger als sonst wirkte. Und sie selbst optimistischer. Tante musste beschlossen haben, dass es von nun an für sie bergauf gehen würde. Sie fuhr gut damit, und ich freute mich über diesen Wendepunkt.

Noch erstaunter war ich, dass wir laut Navi tatsächlich in die Berge fuhren. Doch zunächst machten wir einen Zwischenstopp in dem norddeutschen Bremen. Ich kannte diese Stadt bereits, denn wann immer Tante damals zurück nach Marokko fliegen musste, hatten ihre Eltern und ich sie mit dem Auto von Friesland bis zum Bremer Flughafen gebracht, wobei ich allerdings nur Eindrücke des umliegenden Industriegebietes erhaschen konnte. Ich habe die Stadt als grau und trostlos in Erinnerung, doch nun veränderte sich dieses Bild grundlegend.

Tante parkte den VW-Bus auf einer Halbinsel, die sich mitten in der Großstadt befand, aber dennoch einer grünen Oase glich. Das Kleinod bestand zum größten Teil aus Schrebergärten, Wiesen und Badebuchten. Wir machten einen Spaziergang auf dem sogenannten Stadtwerder.

Nach ein paar Kilometern wurde die schöne Natur der Halbinsel mehr und mehr von einer Besiedlung verdrängt. Wir liefen am Wasser entlang weiter, bis historische Segelschiffe in Sicht kamen, die am gegenüberliegenden Ufer fest vertäut waren. Dahinter erstreckte sich eine Front giebelständiger Kaufmannshäuser aus roten Backsteinen. Und dahinter wiederum konnte man die Doppeltürme des Bremer Doms sehen. Folglich musste sich dort der Altstadtkern befinden. Wir nahmen Kurs auf.

Über eine Fußgängerbrücke gelangten wir aufs Festland. Binnen einer Minute erreichten wir eine Verbindungsgasse, die vom Flussufer zum Marktplatz führte und sich Böttcherstraße nannte. Laut einer Schrifttafel wurden hier im Mittelalter unter anderem Holzfässer für die Schifffahrt gebaut, die dazu dienten, dass Lebensmittel wie Heringe oder Salz transportfähig wurden. Vor hundert Jahren allerdings verwandelte sich die gesamte Straße in ein außergewöhnliches Kulturdenkmal. Ein Bremer Kaffeehändler kaufte seinerzeit das Sträßchen und verlieh jedem Haus mithilfe schöpferischer Architekten eine ganz neue Geschichte. Die Gebäude hießen nun beispielsweise »Haus Robinson Crusoe«, »Haus Atlantis« oder »Haus St. Petrus«. Sie boten Obdach für jede Menge Kunst und Kultur, was bis heute so geblieben ist.

Optisch erinnerte mich der Gang durch die Böttcherstraße an ein Kaleidoskop. Etwas Art déco, expressionistische Backsteinkonstruktionen, bunte Glasbausteine, moderne Schaufenster und aus Bronze gefertigte Skulpturen bewegten sich zueinander und ergaben einzigartige Blickwinkel.

Nachdem wir am Ende der Verbindungsgasse angelangt waren, standen wir auf dem Marktplatz am Dom. Ein

Anblick, der in alle vier Himmelsrichtungen beeindruckte. Bremen ist einst eine reiche Hansestadt gewesen – seetüchtig und handelsstark, entsprechend säumten allerhand prächtige Gebäude den Marktplatz und repräsentierten mitunter die lukrative Weltoffenheit der Hanseaten. Auch ihr enger Bund mit dem Meer war nicht zu übersehen, denn in den historischen Gebäudefassaden waren unter anderem Koggen, Muscheln und Anker eingearbeitet.

Die alte Seehafenstadt hatte was, sogar unbestreitbar mehr als gedacht, aber dass eine New Yorker Tageszeitung letztes Jahr eine bestimmte Straße in Bremen zu den »coolsten auf der Welt« erklärt hatte, verwunderte mich dann doch. Ich konnte mir das einfach nicht vorstellen, dass eine Straße in der norddeutschen Hansestadt genauso cool sein sollte wie eine in Singapur, Buenos Aires oder Kyoto.

Ob Tante derzeit in Marokko diesen Artikel gelesen hatte, wusste ich nicht, aber nachdem wir uns auf dem Marktplatz ausreichend umgeschaut hatten, steuerte die Frau das mittelalterliche Viertel namens »Schnoor« an, durch dessen Zentrum die besagte Straße verlief.

Als wir in dem Viertel ankamen, hatte ich das Gefühl, eine ganz eigene und vor allem dimensionsverzerrte Welt zu betreten. Entlang schmaler Gassen standen dicht an dicht Fachwerkhäuschen, die nicht nur zwergenhaft aussahen, sondern auch ein wenig windschief. Einige davon besaßen Ladenschilder, die mit »Schiffsproviant« oder »Fischerhaus« beschriftet waren. Und die Gassen, manchmal kaum einen Meter breit, erwiesen sich als ein verschachteltes Labyrinth, welches Tante und mich immer tiefer ins Mittelalter führte und uns veranschaulichte, wie das Leben seinerzeit gewesen sein musste.

Im Schnoor hausten damals hauptsächlich Seeleute, Fischer und Schiffshandwerker. Schon wegen der prunklosen und aneinandergedrängten Architektur ist ersichtlich, dass dort nie reiche Bremer gewohnt haben. Deshalb hat das Schnoorviertel gegenwärtig einen hohen Seltenheitswert, denn normalerweise erhalten sich keine mittelalterlichen Stadtviertel einer einfachen bis armen Einwohnerschaft. Es grenzt quasi an ein Wunder, dass das Schnoor bis ins frühe 20. Jahrhundert fortbestand, obgleich das Viertel längst als heruntergekommenes Armenquartier und Schandfleck der Stadt galt. Sogar die fatalen Bombenangriffe des zweiten Weltkriegs, die Bremen fast völlig dem Erdboden gleichgemacht hatten, konnte das Stadtviertel überstehen. Nachfolgend entging es den horrenden Abrissplänen der Nachkriegszeit.

Heutzutage strahlt das Schnoor pure Lebensfreude aus. Die Fachwerkhäuser sind restauriert, farbenfroh gestrichen und geschmückt. Kunstgewerbe und charmante Gastronomie beleben die kleinen Räume, Plätze und Gassen. Es wird geschlemmt und genossen – Wohlstand zelebriert. Vielleicht hat die New Yorker Zeitung die Hauptgasse im Schnoor zu einer der coolsten Straßen auf der Welt gekürt, weil die Gasse allen Widrigkeiten ihrer Vergangenheit trotzte und am Ende so etwas wie die Erfüllung eines amerikanischen Traumes erlebte.

Ich jedenfalls fand, dass sich etwas Erbauliches im Schnoorviertel verbarg und fragte mich, ob auch Tante das wahrnahm. Prüfend schaute ich zu ihr hoch.

»Na, Raffi, was guckst du so? Das Schnoor müsste dir doch eigentlich gefallen. Man kommt sich hier um einiges größer vor als sonst.«

Ja schon, aber ich hatte das auf einer anderen Ebene gemeint.

Vom Schnoorviertel aus gingen wir zurück zum Flussufer und betrachteten die fest angelegten Schiffe aus der Nähe. Da erkannte ich, dass diese zu Kulturstätten oder Restaurants umfunktioniert worden waren. Zwischen ihnen entdeckte Tante ein ausrangiertes Frachtschiff, dessen Galionsfigur ein mit Neonfarben bemalter Alien war. An Deck gab es eine Bar und elektronische Musik. Wir gingen an Bord. Tante setzte sich mit einem frischgezapften Bier an einen der Tische und gab sich einer hanseatischen Art von Meditation hin: Schiffe gucken.

Am nächsten Vormittag, bevor wir mit dem VW-Bus weiterfuhren, ging Tante noch mal auf dem Stadtwerder ausgiebigst mit mir spazieren. Diesmal kamen wir an einem Strandcafé vorbei, einem Beachclub, etlichen Rudervereinen, der Zentrale für Seenotrettung und einem Planetarium. Die Halbinsel mitten in Bremen bot wirklich ungeahnte Überraschungen. Am Ende von unserem Marsch standen wir vor einem riesigen Graffiti, auf dem ein Seemann oder der Gott des Meeres dargestellt war, der eine minikleine Meerjungfrau auf seiner Handfläche hielt und sie traurig anschaute. Und genau wie in Christiania machte Tante begeistert Fotos von der Wandmalerei.

Von dem Platz mit dem Graffiti aus entdeckten wir dann eine Fußgängerbrücke, dessen Unterbau Wasser staute und etwas davon rauschend freigab. Sie führte auf das Festland gegenüber der Innenstadt. Drüben angekommen flanierten wir direkt am Ufer entlang zurück, wo uns Platanenbäume herrlichen Schatten spendeten. Die Sonne schien an diesem Vormittag sommerlich heiß, und ich war dankbar für jede Abkühlung.

Als Tante oberhalb des Deiches ein Haus in einer langen Gebäudereihe erspähte, dessen Fassade als einzige aus Graffiti bestand, ging die Frau neugierig darauf zu.

Über der Eingangstür stand »KellnerVerlag« in gesprühten Buchstaben. Das Schaufenster präsentierte Romane, Kurzgeschichten oder Sachbücher, in welchen die Stadt Bremen eine Rolle spielte. Tante betrat das Geschäft und vertiefte sich sogleich in ein Wandregal, das von oben bis unten mit Büchern vollgestopft war. Mich dagegen fixierte ein Paar Dackelaugen.

Als sie sich aus ihrem Hundekorb erhob, sah ich, dass sie rotes langes Fell hatte, eine zierliche Figur und einen Blick, der von einer gewissen Weltgewandtheit zeugte, aber so wie sie ihren Kopf hielt, war sie alles andere als hochnäsig. Ich empfand das Auftreten der Großstädterin eher als zurückgenommen. Eine Komponente, mit der ich mich total wohlfühlte, und so dauerte es keine Minute, bis die Bremerin und ich Freundschaft geschlossen hatten. Fiepsend tollten wir durch die Verlagsräume und streiften dabei Schreibtischbeine, Computerkabel und wackelnde Bücherstapel, bis man uns schließlich der Tür verwies und wir auf dem Deich vor dem Haus spielen duften.

Nachdem auch der letzte Jogger außer Hörweite war, konnten die Bremerin und ich endlich frei miteinander sprechen. Sie hieß Jule und war mit einem älteren Dackel zusammen, der sich als Schiffsmaskottchen andauernd in Übersee befand, weshalb sie sich oft einsam fühlte. Daraufhin begann ich ihr von dem Roadtrip mit Tante zu erzählen, doch bevor ich richtig in die Gänge kommen konnte, sah ich die Zweibeinerin mit einem Kaventsmann von Buch unter dem Arm aus dem Verlagshaus heraustreten. Schnell versprach ich Jule zu schreiben und salutierte ihr zum Abschied wie ein Matrose.

42. Münchener Freiheit

Wir ließen den Norden endgültig hinter uns und fuhren weiter gen Süden, aber nach einem halben Tag auf der Autobahn gab der VW-Bus voll die üblen Geräusche von sich. Beunruhigt begann Tante mit ihrem Smartphone herumzutelefonieren und fand über mehrere Ecken einen Bekannten, der sich bereit erklärte, unseren alten Bulli für lau zu reparieren.

So kam es, dass wir in München ankerten, genauer gesagt in einem Stadtteil namens »Schwabing«.

Etliche Malende und Literaturschaffende hatten hier zur Zeit des Prinzregenten Luitpold gewohnt. Geblieben ist lediglich eine Portion Boheme, denn heutzutage ist es nur noch wenigen Künstlerinnen und Künstlern möglich, die elitären Mietpreise zu bezahlen. Dort auszugehen können sich deutlich mehr Leute leisten. Schwabing ist in vielerlei Hinsicht zu einer hippen Adresse avanciert.

Umso verwunderlicher war unser schraubender Gastgeber. Sepp wirkte wie ein bayrisches Urgestein, dickbäuchig und ein wenig grantig. Und obwohl er kaum älter als Mitte vierzig war, schien ihn der angesagte Lifestyle um ihn herum in keiner Weise zu interessieren. Er trug einen versifften Overall, keinen cleanen Anzug und auf dem Hinterhof stand ein maroder Trecker, kein sportlicher BMW.

Nachdem Tante mithilfe von Sepps Anweisungen den VW-Bus neben einem dichten Dschungel aus Wäscheleinen und Hopfenranken eingeparkt hatte, stiegen wir aus. Dabei wäre ich fast in einen Kuhfladen gesprungen, kriegte aber gerade noch die Kurve.

Bei der Begrüßung führte Sepp uns ein wenig auf seinem Grundstück herum und erzählte, dass sein Haus schon früher mal ein Bauernhof gewesen sei. Die mehrstöckigen Wohnhäuser drumherum wären um einiges später gebaut worden, aber unter ihren Dächern würden längst keine Freigeister mehr hausen. In Schwabing gäbe es heute nur noch eine vom Konsum verblödete Gesellschaft, weshalb er versuche, die alten Werte wiederzubeleben. Schon bald würden die Leute feststellen, dass ihr verschwenderischer Lebensstil zu nichts führe. Dann würden sie in Sepp den wahren Trendsetter erkennen. Er habe bereits eine Milchkuh und als Nächstes wolle er sich ein paar Legehennen anschaffen. Und einen Hahn. Bier braue er auch schon selbst. Und die ganze Stadt mit ihren Gesetzen könne ihn mal.

Zuerst befürchtete ich, dass unser neuer Gastgeber eine anstrengende Mischung aus Revoluzzer und Öko sein könnte, aber Sepp nahm sich und seine Umwelt nicht wirklich ernst. In ihm regte sich vielmehr ein trockener Humor als der kommende Weltuntergang.

Als wir einmal um das Haus herumgegangen waren und uns alles angesehen hatten, stieg der bayrische Junggeselle auf seinen Trecker und meinte, dass er fürs Abendessen noch eben ein paar Hendl beim Metzger besorgen wolle. Und schon spuckte der Oldtimer unter ihm eine dunkle Rauchwolke aus. Pöööött, Pöööööt, Pött, Pött, Pött, Pött, Pött, Pött, Pött. Tante lachte. Sie wollte selbstverständlich mitfahren und kletterte auf den Kotflügelsitz. Mich verstaute sie in ihrem Bundeswehrrucksack, welchen sie sicherheitshalber zur Bauchseite trug. Eine Minute später tuckerten wir alle Mann über die berühmte Leopoldstraße! Die Schickeria draußen an den Cafés staunte nicht schlecht über unser ungewöhnliches Cabrio.

Wieder bei Sepp Zuhause schickte er uns in den Englischen Garten. Die Hendl bräuchten ihre Zeit, und er wolle dazu noch aufwendige Semmelknödel machen. Tante meinte zwar, dass er sich keine Umstände machen soll, doch unser Gastgeber war der Meinung, dass es bei uns an der Küste überhaupt nichts Gescheites zu Essen gäbe, nur dieses Labskaus, der ja schon aussehen würde wie rosa Kotze und schob uns wohlwollend aus der Küche.

Wir machten uns auf den Weg. Tante trug einen Bikini unter ihren Klamotten, weil Sepp ihr gesagt hatte, dass man im Englischen Garten auch schwimmen könnte. Ich dachte dabei an ein erfrischendes Planschen in einem Bach, doch was Tante und ich in dem Park tatsächlich an Bademöglichkeiten vorfanden, übertraf mein norddeutsches Vorstellungsvermögen.

Neben einer breiteren Stelle vom Eisbach lehnten Surfbretter an Baumstämmen. Leute standen mit Neoprenanzügen bekleidet daneben und beobachteten einen Surfer, der mitten auf dem Eisbach eine konstante Strömungswelle ritt! Das Wasser unter ihm rauschte wild und schien auch richtig tief zu sein, denn als der Typ von seinem Brett runterfiel, ging er komplett unter. Die Strömung erfasste den Surfer mit einer erschreckenden Kraft und ließ ihn erst ein paar Meter entfernt wieder auftauchen. In dem Moment nutzten waghalsige Schwimmer die freie Bahn und sprangen in das quirlige Nass, obwohl an dieser Stelle des Eisbachs das Baden strikt verboten war.

Ich konnte gar nicht so schnell gucken, da war auch Tante im Wasser und wurde von der eisigen Strömung mitgerissen. Aufgeregt kläffend rannte ich am Ufer neben ihr her. Wie sich aber zeigte, verlief der Eisbach bald entspannter, und Tante trieb Hunderte von Meter gemütlich durch den Englischen Garten, bis sie bei einer Abflachung zurück an Land kam.

Diese gefährliche Rutschpartie wiederholte die Frau endlos. Es war der Eisbach, der ihre Schwimmerei stoppte. Tante war gerade in ihn hineingesprungen, als ich Sekunden später registrierte, dass sie nicht zurück an die Wasseroberfläche schwamm. Stattdessen entdeckte ich sie am Grund des Eisbachs. Die Strömung drückte sie anscheinend zu Boden! Undeutlich konnte ich sehen, wie sie mit ihren Armen ruderte, um nach oben zu gelangen, doch der Eisbach ließ sie nicht los. Entsetzt begann ich zu bellen und versuchte herumstehende Leute auf Tante aufmerksam zu machen, aber keiner bemerkte sie. Es war einfach zu viel Trubel an diesem Ort. Am Ufer wie auch im Wasser. Mir stockte der Atem, als ein Körper an die Oberfläche des Eisbachs trieb. Plötzlich hob sich sein Kopf aus dem Wasser und schnappte nach Luft. Ein anderer Schwimmer bemerkte die hustende Tante, kraulte sofort zu ihr rüber und hielt sie am Arm fest, bis sie wieder zu Atem gekommen war und die Uferböschung hochklettern konnte.

Erleichtert spürte ich ihre Hände auf meinem Nacken und etwas Wasser, das auf mein Fell tropfte. Daraufhin schüttelte ich mir den Schrecken aus allen Gliedern, bis ich merkte, dass sich an seiner Stelle ein neues Gefühl gebildet hatte. Groll. Und dieser harte, schmutzige und schwere Groll richtete sich gegen niemand geringeren als Tante. Ich schob ihn zunächst dezent beiseite.

Der Abend gestaltete sich verträglicher. Die Reste vom bayrischen Hendl mit Soße inhalierte ich regelrecht und erklärte sie fortan zu meiner Lieblingsspeise. Als es dunkel geworden war, machte Sepp auf dem Hinterhof noch ein Feuerchen in einer rostigen Tonne. Vollgefressen schlief ich auf Tantes Schoß ein. Von den väterlichen Ratschlägen, die der Bayer ihr im Laufe der Nacht noch gab, bekam ich nur einen mit: »Was du machen könntest, um deine psychischen Probleme zu überwinden? Nein, da habe ich keine Ahnung, aber ich vertrete ohnehin die Meinung, dass sowas aus einem selbst herauskommen sollte. Schau dich doch mal um! Die ganze Welt ist verrückt.«

43. Sisi

Unsere nächste Unterkunft war mit Abstand die luxuriöseste unserer bisherigen Reise. Der Bayer hatte sie uns empfohlen, weil sie ein herrliches Fleckchen Erde zum Ausspannen sei und noch dazu spottbillig. Es handelte sich dabei um ein am Starnberger See gelegenes altes Schloss, das Rucksackreisende aus aller Welt beherbergte. Die Zimmer waren einfach ausgestattet, doch die Mahlzeiten nahm man in einem herrschaftlichen Saal ein, der mit Stuckverzierungen an der Decke und einem Panoramablick auf den See brillierte. Mit etwas Fantasie konnte man eine Vorstellung davon bekommen, wie die adelige Bevölkerung in diesem Raum damals umhergeschweift sein musste und prunkvolle Bälle veranstaltet hat.

Wir checkten ein. Abgesehen von dem glitschigen Parkett fand ich unseren neuen Standort erstklassig, hauptsächlich aber wegen der schönen Wälder rund um den Starnberger See. Tante und ich machten täglich einen Streifzug durch das Forstgebiet.

Jedes Mal, wenn wir den Wald betraten, umhüllte uns sein typischer Moosgeruch, und der Boden unter meinen Pfoten wurde angenehm elastisch. Tantes Schritte federte er nahezu ab. Und je tiefer wir in den Wald hineingingen,

desto mehr verschluckte er die Geräusche des Alltags, bis uns lediglich das dumpfe Klopfen eines Spechts erreichte. Fegte ein kräftiger Windstoß über den Wald hinweg, baute sich in den Baumwipfeln ein tolles Rauschen auf, das anschließend wieder verebbte. Dann flüsterten die Bäume uns zu, dass wir aufatmen und allen Stress loslassen sollten, denn sie versprachen uns ihre Ruhe und Standfestigkeit für eine Weile zu leihen. Besonders für Tante war das eine Wohltat. Die Bäume halfen ihr sichtlich dabei, sich innerlich zu verlieren, um sich gleichzeitig ein Stück weit zu sammeln.

Manchmal konnten wir von einer Lichtung im Wald den Starnberger See und die dahinterliegenden Alpen betrachten. Und nicht selten entdeckten wir dabei weitere Schlösser in der Landschaft. So auch das direkt am Seeufer gelegene Schloss Possenhofen, auf dessen Anwesen Tantes Blick haften blieb. Sisi, die Kaiserin von Österreich, hatte sich hier als junges Mädchen über die Sommermonate aufgehalten.

Bildhaft stellte ich mir vor, wie sie Reitausflüge machte, zu Fuß durch den Wald spazierte oder mit einem dieser lustigen Badeanzüge schwimmen ging. Als Prinzessin ihrer Zeit lebte Sisi enorme Freiheiten, doch als sie später nach Wien zog, musste sie sich in die Enge des kaiserlichen Hoflebens einfügen, war kreuzunglücklich deswegen und reagierte unter anderem mit Depressionen.

Das mögliche Schicksal, eine psychische Störung zu entwickeln, beugt sich vor keinem Menschen. Es passiert einfach. Bei Tante trat das in Form eines Traumas zum Vorschein. Abgesehen von dem Leidensdruck, den diese Belastung mit sich brachte, störte ich mich bisher in keiner Weise daran. Wir Hunde nehmen Menschen an, wie sie sind, bieten ihnen uneingeschränkte Treue, Freundschaft und Loyalität in allen Lebenslagen. Menschen dagegen haben oftmals Schwierigkeiten, falls einer von ihresgleichen psychisch krank wird. Hier herrschen Unsicherheiten ohne Ende, die durch Tabus, Klischees oder andere Schubladensysteme erträglicher gemacht werden. Anders verhalten sich Zweibeiner, wenn sie auf eine Person mit Gipsbein treffen. Ein solcher Gips ist ein gewohnter und normaler Anblick. Jeder sieht die Verletzung, weiß wie ein Knochenbruch entsteht und kennt unterschiedliche Behandlungsmöglichkeiten. Und jeder versteht den Betroffenen mitunter aus eigener Erfahrung und kann ihm bei der Bewältigung seines Alltags helfen. Doch bei einer Geisteskrankheit haben die meisten Leute wie gesagt Berührungsängste.

Schlimmstenfalls kommt es vor, dass die Betroffenen stigmatisiert werden. Bei mir persönlich hört dann jedes Verständnis auf. Insbesondere wenn ich mir vor Augen halte, was für positive Fähigkeiten Menschen mit seelischen Gebrechen haben können, welch unkonventionelle Wege sie gehen und kreatives Schaffensdasein sie besitzen, betrachte ich Leute, die psychisch Kranke in irgendeiner Weise ausgrenzen, selbst als meschugge, gaga und plemplem. Was wäre die Welt denn ohne die genialen Komponisten mit »einer Meise im Kopf«? Ohne die fantasievollen Malenden, Bildhauerinnen und Bildhauer sowie Literaturschaffenden, die »nicht mehr alle Latten im Zaun hatten«? Oder ohne die Erfindenden, bei denen »eine Schraube locker war«? Die Liste der berühmten Persönlichkeiten, die trotz eines psychisch problematischen Hintergrunds das Leben der Menschheit mit ihren Werken und Aktionen bereichert haben, ist lang. Und egal ob eine prominente Leistung vorliegt oder nicht, man kann von Menschen mit psychischen Problemen lernen und besondere Sichtweisen bekommen.

War bei Sisi also »der Föhn am brausen« oder ist sie ein vollwertiger Mensch wie jeder andere gewesen? Zweifellos Letzteres. Ich persönlich finde sogar, dass der Kult um ihr langes Haar oder das Einrichten von einem Fitnessraum im Wiener Schloss recht erfrischend klingen, wenn man bedenkt, wie verstaubt und festgefahren damals das Leben bei Hofe war. Sisi hatte begonnen, ihr Leben im Rahmen ihrer Möglichkeiten selbst zu gestalten. Dass sie dabei eine extreme Eitelkeit entwickelte und permanent auf ihr Gewicht achtete, ist natürlich ein unschöner Aspekt, aber es gefällt mir, wie sie sich von ihrer Situation als unfreiwillige Kaiserin nicht hat unterkriegen lassen und ihre eigenen Wege ging. Bergwanderungen, stramme Spaziergänge und Fechtunterricht gehörten ebenso dazu wie das Perfektionieren ihrer Reitkünste, obwohl sie bei Hofe wegen all dieser Unschicklichkeiten verachtet und nicht selten ausgelacht wurde. Aber Sisi konzentrierte sich auf den eigenen Stand. Ihr Bewegungsdrang verschaffte der Kaiserin einen gesunden Freiraum und wirkte auch ihrer Schwermut entgegen. Wahrscheinlich konnte das Training ihre extreme Ruhelosigkeit, unter der sie zeitweise litt, ebenfalls ausgleichen.

So oder so hatte Sport einen heilsamen Einfluss auf die Psyche Sisis. Von der Monarchin konnte man sich durchaus eine Scheibe abschneiden! Tante schien an demselben Gedanken zu knabbern …

44. Im Hochgebirge

Bis zum Hals versank ich im Schnee und kämpfte mich mit meinen Dackelbeinen voran. Meine Brust verdrängte die weiße Masse wie die Bugkante eines Eisbrechers, sodass sich hinter mir eine Furche bildete. Der Schnee war morbide und heimtückisch, aber mich lockte der aufregende Geruch von Wildgänsen. Meter für Meter rückte ich weiter vor.

»Komm jetzt sofort wieder her! Zum letzten Mal, Raffi, ich warne dich!!«

Jaaahaaaaa. Ist schon gut, Tante. Ich bin wieder an deiner Seite.

Die Norddeutsche war erschöpft und fertig mit den Nerven. Den ganzen Tag hatten wir etliche Serpentinen und Höhenmeter der Alpen gerockt, wobei Tante mich streckenweise getragen oder über Felsvorsprünge gehoben hatte. Eine sportliche Leistung, doch abgesehen von den heimischen Deichen war Tante keinerlei Steigungen gewohnt und musste viele Pausen einlegen, und nachdem wir die Schneegrenze passiert hatten, war Tante die Puste komplett ausgegangen. Ich glaube, dass sie die Wanderroute so hoch in den Alpen vollkommen unterschätzt hat, für einen Rückweg war es jedoch schon zu spät, denn die Abenddämmerung setzte bereits ein.

Tante hielt ihr Smartphone in den Himmel. Kein Empfang! Schließlich gab das Gerät ein kraftloses Piepsen von sich und schaltete sich aus. Dem sein Akku war wohl ebenfalls leer.

Obgleich unsere Situation bedenklich wurde, rühmte ich die Schönheit der Alpen. Das Gebirge glich der Nordsee bei stürmischem Wellengang – schockgefroren, verschneite Berggipfel aus Meerschaum. Dieser Anblick war wie optische Poesie und man konnte die brutalen Untiefen der Giganten leichtsinnig schnell aus den Augen verlieren.

So wie Tante. Ihr passierte es gleich mehrmals, dass sie den markierten Wanderweg verließ und ohne es zu merken auf einen Abhang zulief! Meistens erkannte die Frau ihren Fehler von selbst, doch in einigen Situationen musste ich sie von der klaffenden Tiefe weglotsen. Entweder provozierte ich sie mit einem Gebell oder ich zog fest an meiner Leine, bis die Frau sich wieder von dem Abhang entfernt hatte. Das Ganze ging so weit, dass sich mein Groll ihr gegenüber immer weiter anhäufte, und ich spürte, dass ich ihn bald nicht mehr würde zurückhalten können. Es grummelte schon derart heftig in mir, dass ich Tante fast anknurrte.

Ich fand, dass sie sich mit der Bergwanderung genauso unterbelichtet verhalten hatte wie einige Touristen in Friesland, die noch nie zuvor an der Nordsee gewesen waren, aber meinten, sie könnten mal eben eine ausgedehnte Wanderung durch das Wattenmeer machen. Dabei bedachten sie nicht, wie anstrengend so ein kilometerlanges Stapfen durch den Matsch sein konnte oder wie schnell sich die Priele des Wattenmeeres wieder mit Wasser füllten, besonders wenn eine Springflut bevorstand oder der Wind aus einer ungünstigen Richtung kam. Meist entdeckte die

Küstenwache diese Menschen jedoch noch rechtzeitig und schickte rettende Boote oder Hubschrauber aus.

Anders unsere Situation in den Alpen. Zwar drohten hier oben keine Wellen über uns zusammenzuschlagen, doch in der Nacht verschwamm die Schneelandschaft um uns herum und die Temperatur sank in eine atemberaubende Tiefe. Meine Bergsteigerin kauerte sich in dem Windschatten eines Felsbrockens zusammen und wurde zur Heulboje. Ich kläffte sie an, doch sie blieb an Ort und Stelle. Ob ein Mensch nachts in den Alpen erfrieren könnte, wusste ich nicht, aber es erschien mir das klügste, dem Wanderweg weiterhin zu folgen, denn nur so konnte ich Tante warm halten und vielleicht sogar einen Unterschlupf für uns finden. Also raffte ich all meinen Mut zusammen und übernahm die Führung.

Ich zerrte an dem Arm der Frau, bis sie wieder aufgestanden war und gab ihr zu verstehen, dass ich ihr Blindenhund sein würde. Zwar sahen meine Augen nicht mehr als ihre, aber meine Nase wusste ganz genau, wo sich der Wanderweg befand.

Tante schien das zu begreifen. Sie arretierte die Flexileine bei einer Länge von einem Meter und folgte mir.

Vorsichtig bewegten wir uns durch die Dunkelheit, denn sollte Tante mit ihrem Knöchel umknicken, wäre das fatal für unser Weiterkommen gewesen. Trotz jener Achtsamkeit trat sie in ein Schneeloch, ein anderes Mal blieb sie mit ihrem Fuß an einem Stein hängen, doch in beiden Fällen hielt sie sich und blieb unverletzt. Ich war heilfroh, dass Tante heute Morgen wenigstens ihre Wanderstiefel angezogen hatte.

Nach ungefähr zwei Stunden bekam ich Wind von einer Wirtshütte. Erleichtert dachte ich, dass unsere

Rettung nahe sei, aber wie sich herausstellte, führte der Weg zur Hütte über eine Art Bergkamm oder so was. Würde Tante auf diesem schmalen Pfad einen einzigen falschen Schritt zur Seite machen, wäre es um sie geschehen. Hilfesuchend sah ich hoch zum großen Hund, doch in dieser Nacht zeigte sich kein einziger Stern am Firmament und so musste ich meinen Entschluss allein fällen. Ich entschied mich für den Bergkamm.

Diesmal kamen wir nur im Schneckentempo voran. Zwar verfügte der Pfad kaum über Stolpermöglichkeiten für die Zweibeinerin, doch links und rechts von uns klafften Geröllabhänge. Jedes Mal, wenn Tante von dem Weg abzudriften drohte, jaulte ich kurz auf, als wäre mir die Frau auf eine Pfote gestiegen. Erschrocken zog Tante dann ihr Bein zurück, und ich konnte sie an der Leine neu ausrichten. Mittlerweile heulte die Frau laut vor sich hin, aber sie schien mir zu vertrauen und ging tapfer hinter mir her.

Wir schafften es. Der Wirt nahm uns verblüfft auf, denn normalerweise erreichte ihn um diese Uhrzeit kein Übernachtungsbesuch mehr. Er schimpfte sogar ein bisschen mit der Friesin, aber dann setzte er ihr eine Brotzeit vor und hing ihre Wanderstiefel zum Trocknen über einen bullernden Kachelofen. Als Tante mit ihrem Essen fertig war, bei dem ich sie tatkräftig unterstützt hatte, schickte der Wirt uns in die Schlafkammer. Endlich in der Horizontalen angelangt, pennten Tante und ich sofort ein.

Mitten in der Nacht schreckte ich hoch. Blinzelnd hatte ich gesehen, dass es draußen lichterloh brannte! Alarmiert weckte ich Tante auf. Nach einer gefühlten Ewigkeit kam die Frau endlich auf die Beine und lief ans Fenster, um das Ausmaß des Brandes einschätzen zu können.

»Alpenglühen!«, rief Tante begeistert aus. Sie hob mich auf ihren Arm und zeigte es mir, dem verdattertsten Dackel auf der ganzen weiten Welt.

Die aufgehende Sonne warf ihre Lichtstrahlen auf das Hochgebirge. Der Schnee auf den Berggipfeln und Felshängen reflektierte das glühende Sonnenlicht so intensiv, dass sich die Alpen in ein stilles Flammenmeer verwandelten. Es war traumhaft und ehrfurchtgebietend zugleich.

Im selben Moment empfand ich eine unsagbare Dankbarkeit für meine Reise mit Tante. Vieles hatte ich gesehen, viel mehr als ich von den Deichkronen in Friesland jemals hätte erblicken können, was meinen Horizont für immer erweitert hatte. Und welcher Dackel konnte schon von sich behaupten, ein solches Naturschauspiel im Gebirge mit eigenen Augen gesehen zu haben? Ich freute mich schon darauf, das Alpenglühen in meinem Logbuch detailliert zu beschreiben. Und weil ich mittlerweile der Ansicht war, dass es echt schade wäre, all meine Reiseaufzeichnungen mit niemandem zu teilen, beschloss ich, mein Logbuch nach meiner Rückkehr meinem Kumpel Spike doch zum Lesen zu geben.

45. Der Geschmack Italiens

Als wir mit dem VW-Bus durch die Schweiz und Norditalien fuhren, konnte ich noch einige Male den hohen Seegang der Berge bewundern, bis dieser merklich ruhiger wurde und wir unseren nächsten Hafen erreicht hatten.

Dieser lag mitten in der Toskana, genauer gesagt auf einem Campingplatz am Rande der Stadt Siena. Von modernen Luxuswohnmobilen bis hin zu ausgedienten Knutschkugeln stand hier alles herum. Der Platzwart meinte zwar, dass er uns den letzten freien Stellplatz geben könnte, doch der würde über wenig Schatten verfügen und es käme bald eine Hitzewelle auf Italien zu. Also ließ Tante sich den Platz erst mal nur zeigen. Wie sich herausstellte, war der Schattenspender ein knubbeliger Olivenbaum, der im Gegensatz zu den anderen Bäumen auf dem Campingplatz seine besten Jahre hinter sich hatte, aber Tante bezahlte die Pacht für den Stellplatz noch an Ort und Stelle. Als sie den VW-Bus endlich geparkt und den Motor ausgestellt hatte, zirpten jede Menge Grillen um uns herum.

Kaum angekommen lieh sich Tante beim Platzwart eine Vespa. Mich verfrachtete sie wie üblich in ihren

Bundeswehrrucksack, und so heizten wir gemeinsam zum Einkaufen in die Stadt. Siena ist alt und wurde auf Hügeln errichtet, folglich gestalteten sich die meisten Straßen steil, schmal und uneinsichtig – gottlob erreichte Tante den Ortskern ohne Probleme. Erst als wir an einer Eisdiele vorbeidüsten, musste Tante eine Vollbremsung machen. Das Eis hinter der gläsernen Verkaufstheke war ihr in die Quere gekommen. Tante stieg von der Vespa und wählte eine gemischte Portion.

Neugierig lugte ich über ihre Schulter und beobachtete mit größer werdenden Augen, wie der Eisverkäufer die süßen Massen mit einem Spachtel in eine Waffel schaufelte und diese Tante überreichte. Da bemerkte mich der Mann und rief: »Ciao bello mio!« Von dem restlichen Schwall Italienisch verstand ich keine einzige Silbe, doch als er etwas Vanilleeis in einen Pappbecher schippte, begriff ich den Inhalt seiner Worte. Ich zappelte wie bekloppt, bis Tante mich auf dem Boden absetzte. Kaum schlabberte ich an meinem Eis, fielen meine Augenlider auf halbmast.

Auch in Sachen Architektur hatte die italienische Bevölkerung einen ausgezeichneten Geschmack. Tante und ich gingen noch einige Straßen weiter in die Altstadt, wo sich der »Piazza del Campo« vor uns erstreckte. In Form und Muster glich der Platz einer kolossalen Jakobsmuschel, die auf ihrer Außenseite lag. Ungefähr am tiefsten Punkt der Senke stand ein gotischer Palast mit einem hohen Turm. Auf der breit gefächerten Muschelfläche gegenüber befand sich ein mit Statuen und Fresken versehener Marmorbrunnen in der Größe eines Swimmingpools. Umschlossen wurde die gesamte Jakobsmuschel von mehrstöckigen Altbauten, in dessen Erdgeschossen sich Cafés und Restaurants niedergelassen und dunkelrote Sonnenmarkisen ausgefahren hatten.

An diesem Platz ließ es sich aushalten. Menschen tranken hier einen Espresso, Kinder spielten am Springbrunnen und einige junge Leute nutzten den perfekten Liegewinkel der Jakobsmuschel für ein Sonnenbad. Tante und ich legten uns ebenfalls in die Muschel, aber kaum dass ich mich in der Sonne ausgestreckt hatte, stand Tante schon wieder auf und stiefelte weiter.

Wir gelangten noch zu einem weißen Dom, der rundherum schwarze Querstreifen hatte. Weil Tante es eilig zu haben schien, warfen wir nur einen kurzen Blick in das Gebäude hinein. Säulen, die wie schwarz-weiße Zuckerstangen aussahen, wuchsen optisch in die Höhe und über ihnen wölbten sich goldene Kuppeln in den Himmel. Wirklich sagenhaft dieses Siena!

Zurück bei der Vespa angekommen, widmete Tante sich wieder ihrem eigentlichen Vorhaben. Sie bretterte mit mir durch diverse Seitenstraßen, wobei wir eine Vielzahl kleiner Fachgeschäfte entdeckten, keinen allumfassenden Supermarkt. Die Lädchen boten nur eine einzige Warengruppe an – entweder Brot, Gemüse, Meeresfrüchte, Käse oder Wein, und als wir in die Verkaufsräume gingen, sind diese von dem jeweiligen Aroma erfüllt gewesen. Fast alle Produkte waren regional, sorgsam präsentiert und sahen appetitlich aus. Ich bekam den Eindruck, dass die aus Italien stammenden Menschen ihren Mahlzeiten eine besondere Wertschätzung entgegenbrachten. Essen wurde nicht verramscht, sondern geliebt – mit viel Zeit und Aufwand genossen. Ganz und gar meine Abteilung! Ich freute mich schon auf Tantes Kocharien und beobachtete entzückt, wie sich die leere Weinkiste auf dem Gepäckträger des Rollers kontinuierlich mit frischen Zutaten füllte.

Zurück auf dem Campingplatz versuchte Tante sich sogleich an einer Bruschetta. Sie schnitt frisches Chiabattabrot in Scheiben und legte sie auf den Grill. Gewürfelte Tomaten, etwas Olivenöl und Knoblauch erwärmte sie in einem Topf. Schnell kippte sie den Saft einer halben Orange dazu, einen Schuss dunkelbraunen Essig sowie Pfeffer, Salz und ganz zum Schluss zerrupfte Basilikumblätter. Nun verteilte sie die Masse auf den gerösteten Brotscheiben, streute obendrauf noch etwas geriebenen Parmesankäse und begann die italienischen Leckerbissen aufzuessen.

Höflichkeitshalber probierte auch ich eine Portion, aber insgeheim sehnte ich mich nach einem halben Schwein auf Toast! Ansonsten mochte ich Italien bereits an unserem ersten Tag, oder besser gesagt schien ich für das Land des süßen Lebens wie gemacht zu sein! Tante dagegen sollte hier härter am Wind segeln müssen als jemals zuvor.

46. White Rabbit

Bei unseren nächsten Stadtrundgängen durch Siena merkte ich, dass mit Tante etwas nicht stimmte. Zwar erkundeten wir das Land des Müßiggangs, aber meine Begleiterin schien weit davon entfernt zu sein. Sie war wie aufgezogen. Ich durfte noch nicht einmal Hausecken oder Laternenpfähle beschnuppern, denn sobald mein Gewürzprüfer eine interessante Stelle gefunden hatte, zerrte die Frau mich an meiner Leine weg davon! Solche Maschen kannte ich von ihr überhaupt nicht. Einmal blieb ich verärgert stehen und sträubte mich mit aller Kraft gegen die Zweibeinerin, doch die hob mich einfach auf ihren Arm und hastete weiter. Ihre Rastlosigkeit hatte eine Gangart erreicht, die mich mehr als befremdete.

Was mich zusätzlich bei unseren Streifzügen irritierte, waren die sonderbaren Figuren, die mir begegneten. Siena besteht nämlich aus siebzehn verschiedenen Stadtbezirken mit jeweils eigenem Wappen, auf dem meistens ein Tier oder Fabelwesen prangte. Folglich traf ich auf Einhörner, Giraffen, Drachen, Stachelschweine, Raupen oder Eulen! Sie flatterten auf Fahnen, versteckten sich in Fresken oder saßen plötzlich auf einem Brunnenrand. Ich kam mir vor wie Alice im Wunderland! Heute jedoch blieb mir ein weiterer Trip durch Siena erspart. Tante putzte den VW-Bus. Gestern hatte sie das auch schon gemacht, doch im Gegensatz dazu waren ihre Armbewegungen noch ruckartiger geworden. Manchmal meinte ich sogar die blanke Panik in ihren Augen zu sehen, ganz so, als müsse sie sich krampfhaft über Wasser halten, obwohl sie auf dem Trockenen stand.

Warum die Frau so überkandidelt daherkam, wusste ich nicht, aber ich fand, dass es allerhöchste Zeit war, Tantes Vergangenheit ein für alle Mal auf den Grund zu gehen und grübelte, wie ich bloß Zutritt in die verborgenen Gedankengänge dieser Frau erhalten könnte.

Nachdenklich legte ich mich unter den alten Olivenbaum und betrachtete seine Verästlungen. Es war angenehm im Halbschatten. Nur der Brüllwürfel störte mich noch. Ausgerechnet jetzt gab er ein Livealbum von Jefferson Airplane zum Besten. Irgendwann wurde die Musik jedoch leiser und hörte schließlich ganz auf. Verwundert sah ich auf und glaubte meinen Augen nicht zu trauen. Ich befand mich in einer Art verwilderten Garten!

Über und über wuchsen hier Palmen und fremdländische Blumen. Neugierig ging ich in dem Dickicht umher, fand mich aber nicht zurecht. Dann hörte ich neben dem leisen Rascheln der Palmwedel im Wind ein kaum wahrnehmbares Murmeln. Jemand sprach mit einer anderen Person. Ich folgte dieser Stimme und nach ein paar Minuten entdeckte ich hinter einer Gruppe Jasminbäume ein weißes Kaninchen. Wie angewurzelt blieb ich stehen. Das Kaninchen stand aufrecht auf seinen Hinterläufen, war dabei so groß wie ein Mensch und hatte eine blühende Dahlie hinter sein Ohr gesteckt. Und es sprach mit sich selbst. Es erinnerte sich ständig daran, unbedingt pünktlich sein zu müssen. Dabei guckte es wiederholt auf seine Taschenuhr. Einen Augenblick später huschte das Kaninchen aus meinem Blickfeld.

Mir war klar, dass ich mich in einem Traum befand, dennoch war der Hinweis, welchen mir mein Unterbewusstsein zuspielte, nicht ganz uninteressant. Also beschloss ich nicht aufzuwachen, sondern dem gestressten Wesen zu folgen. Sollte ich nämlich den Eingang zu dem Kaninchenbau finden, so würde ich die heiligen Hallen von Tantes Vergangenheit betreten können, um ihr Geheimnis ein für alle Mal zu lüften. Ich rannte zu der Stelle, wo ich das Kaninchen das letzte Mal gesehen hatte und entdeckte in der Erde frische Abdrücke von Kaninchenpfoten. Sofort nahm mein Gewürzprüfer die Fährte auf.

Ich fieberte regelrecht durch den Garten. Bald schon verdichtete sich der Geruch eines Kaninchenbaus und verriet mir, dass ich kurz vor dem Ziel sein musste. Nur noch wenige Meter und ich würde mich in Tantes Gehirn zwängen und seinen tunnelartigen Windungen folgen, bis endlich Licht ins Dunkel kam! Vorsichtshalber straffte mein Jagdinstinkt alle meine Muskeln und machte mich bereit für einen Kampf um Leben und Tod, doch stattdessen rammte ich mit meinem Schädel einen gummiartigen Baumstamm.

Als die Sterne wieder weg waren und ich hochschaute, sah ich über mir die feinen Lamellen eines Pilzes. Ich ging mehrere Schritte zurück, um das Teil in seiner Gesamtheit betrachten zu können. Da sah ich, dass auf dem Dach des Pilzes eine blaue Raupe Wasserpfeife rauchte. Sie zog an dem Mundstück und blies Löcher in den Himmel. Anschließend sah sie mich eindringlich an und sagte: »Versuch nicht, die traumatisierte Innenwelt dieser Frau zu betreten.«

»Warum nicht?«, fragte ich die Raupe.

»Du könntest Dinge sehen, die zu schwer für dich sind und dich in dieselbe Tiefe hinabziehen, in der die Frau gerade zu ertrinken droht.«

»Aber was kann ich tun?«

»Du solltest der Frau weiterhin helfen, so gut du kannst, aber was das Lichten des Traumas selbst angeht, ist es besser, wenn alles von allein an die Oberfläche kommt. Und das tut es. Die Frau ist kurz davor, die Last ihrer Vergangenheit mit allen Einzelheiten wahrzunehmen. Bleib einfach nur in ihrer Nähe.«

Als die Raupe erneut an der Wasserpfeife zog, vernebelte sie mit dem Rauch meine Sicht und die Welt um mich herum wurde seltsam dumpf. Dann verzogen sich die Rauchwolken und ich erblickte Tante, die hektisch den Laderaum vom VW-Bus auswischte.

47. Abstraktes Denken

Nachdem Tante mit dem Putzen fertig war, konnte die Frau noch immer nicht ihre Füße stillhalten. Also schlüpfte sie in ihre Hippielatschen, stopfte ihre Klamotten in den Bundeswehrrucksack und ging Wäsche waschen. Gleich neben den Campingplatzduschen gab es dafür spezielle Emaillebecken, in denen Menschen ihre Kleidung von Hand bearbeiten konnten.

Normalerweise begleitete ich Tante auf Schritt und Tritt, stattdessen hatte ich einen Hitzeanfall simuliert und mich hechelnd in die Koje vom VW-Bus verkrochen. Ich wollte Spike eine Nachricht schicken. Auch wenn mir die blaue Raupe davon abgeraten hatte, Tante wegen ihres Traumas konkret unter die Arme zu greifen, wollte ich ihr zumindest eine Möglichkeit zur Selbsthilfe verschaffen, und dazu brauchte ich die Unterstützung von Spike.

Er sollte den Kontakt zu seinem Hackerfreund aufnehmen. Der Geheimbund der Dackel hat mehrere geniale Hacker am Start – anders konnten wir unsere Identitäten nicht schützen, besonders wenn es darum ging, eine gewisse Geschäftsmäßigkeit ausüben zu können – aber

Spikes Kumpel war ein alter Rauhaardackel und bekannt dafür, sich durchs Internet zu beißen wie kein anderer. Ich benötigte dringend den Zugang zu einem von Tantes Konten, drückte und wischte nervös auf ihrem Smartphone herum, bis ich meine Nachricht an Spike abgeschickt hatte. Schon eine halbe Stunde später kam die Antwort. Schnell betrat ich das World Wide Web und füllte einen digitalen Einkaufskorb.

Gegen Abend wehten frischgewaschene Wäschestücke um uns herum. Selbst auf den Zweigen von unserem Olivenbaum hing der eine oder andere Liebestöter zum Trocknen. Nach dem verrichteten Tageswerk öffnete Tante eine Flasche Chianti und machte psychedelische Musik an. Ich verzehrte mich regelrecht nach einer einzigen entschleunigten Stunde mit der Frau, doch kaum hatte sie ihr erstes Glas Rotwein getrunken, bekamen wir unangemeldeten Besuch.

Schon von Weitem konnte ich riechen, wie das Aas zwischen den anderen Wohnwagen umherging, bis ich sie direkt auf uns zukommen sah. Sofort kläffte ich los. Schockiert sprang unser Besuch in die Luft und transformierte sich in ein bauschiges Etwas. Wieder auf allen vier Pfoten gelandet, sah sie mich verächtlich an. Sie fauchte und machte einen Buckel. Ich knurrte und fletschte meine Zähne. Tante lallte etwas Beschwichtigendes in unsere Richtung, doch sie konnte die Situation nicht mehr entschärfen.

Warum wir Hunde und Katzen uns gegenseitig so dermaßen abstoßen, liegt an unseren Urahnen. Wölfe und Wildkatzen waren schon immer natürliche Fressrivalen. Selbst als sich ihre Existenzen in die Häuser der Menschen verschoben hatten, löste sich diese Feindschaft nicht auf.

Nachdem wir Dackel abstrakt denken konnten und bei Streitigkeiten als die Klügeren nachgaben – meistens jedenfalls – beobachteten wir völlig fassungslos, dass Stubentiger trotz ihrer geistigen Einschränkung Freiheiten für sich erwirkt hatten, von denen wir Dackel nur träumen konnten. Bis heute hat sich daran nichts geändert. Jedes Mal, wenn ein Stubentiger durch seine Katzenklappe ein und ausgeht, wie es ihm passt – wir Dackel dagegen eine Flexileine umgeschnallt bekommen und geführt Gassi gehen müssen – spüren wir, wie die alte Feindseligkeit in uns angefacht wird.

Die aufgeplusterte Mieze tat also gut daran, auf Abstand zu gehen. Ein paar Schritte tapste sie vorsichtig rückwärts, dann drehte sie sich um und preschte von dannen. Eigentlich hätte ich es dabei belassen können, aber auf einmal überkam mich ein solcher Zorn, dass ich gar nicht anders konnte, als der Katze hinterherzurennen.

Ich verfolgte sie gnadenlos. Trieb sie unter Wohnwagen hindurch. Scheuchte sie von Autodächern herunter. Hetzte sie in die Müdigkeit.

Kurz bevor ich die Katze zu fassen bekam, rettete sie sich auf die Befriedungsmauer vom Campingplatz. Und mit einem weiteren Satz war sie dann ganz von der Bildfläche verschwunden. Außer mir vor Wut lief ich die Mauer entlang und suchte nach einem Durchschlupf für meine Raserei, bis mir allmählich bewusst wurde, dass ich die Katze aufgrund ihres Vorsprungs ohnehin nicht mehr würde einholen können.

Nachdem der freundliche Dackel vollends seine Gestalt in mir zurückgewonnen hatte, fragte ich mich, wieso ich derart die Beherrschung verlieren konnte. Ich musste allerdings nicht lange überlegen, bis ich gerafft hatte, dass die Katze meinen Groll auf Tante losgetreten hatte.

Ich mochte die Frau. Wirklich. Sie stand mir gefühlsmäßig näher, als es eine Menschenseele jemals getan hatte, aber sie besaß einen Wesenszug, bei dem ich nicht mitkam. Und zwar ihre draufgängerische Art. Sie nahm sich Freiheiten heraus und machte dabei die tollkühnsten Sachen. Während unseres Roadtrips hatte sie sich deswegen schon einige Male in Lebensgefahr gebracht. Ich war dabei fast umgekommen vor Muffensausen! Mein Frust und Ärger über ihr Verhalten hatten sich mittlerweile zu einem gewaltigen Haufen Groll angesammelt und war nun wie eine Lawine in Bewegung geraten.

Selbstredend musste ich diesen Groll irgendwie loswerden, ansonsten könnte meine Beziehung zu Tante recht ungemütlich werden. Ich entschied mich, nach einer Sichtweise zu suchen, mit der ich leben konnte. Und als ich so in mich gekehrt die Mauer vom Campingplatz entlang dackelte, ging mir ein Licht auf.

Tantes Furchtlosigkeit belastete mich, hatte mich aber auch schon dazu gebracht, über meine eigenen Grenzen hinauszuwachsen. Und in dem Moment wurde aus dem Groll auf Tante ein entgegenkommender Gedanke, bis die Frau mir am Ende noch ein bisschen näherstand.

Glas zerklirrte. Das Geräusch kam aus der Richtung von unserem Stellplatz. Bestimmt war Tante etwas passiert! Wie aus der Kanone geschossen rannte ich zurück zum VW-Bus, wobei ich kurz die Orientierung verlor, denn als ich meinte, nach der nächsten Weggabelung bei unserem Stellplatz rauskommen zu müssen, standen um mich herum Wohnwagen, die ich nicht kannte. Ich hatte mich also verlaufen! Mein Gewürzprüfer beruhigte mich jedoch sogleich und meinte, ich bräuchte lediglich dem Geruch von Waschmittel zu folgen. Das erwies sich allerdings als ein dämlicher Vorschlag, denn wie sich herausstellte, hing fast überall auf dem Campingplatz Wäsche zum Trocknen. Ich irrte weiter zwischen den Wohnwagen umher. Einmal grapschten sogar wildfremde Hände nach mir! Erbost kläffte ich sie an und flitze weg. Dann hörte ich eine Stimme meinen Namen rufen. Sie klang so angeschlagen und schwach, dass mir ein Schauder über den Rücken lief. Schnell folgte ich der Richtung, aus der das Gejammer gekommen war, bis sich das ganze Elend vor mir ausklappte.

Neben der Seemannskiste lag die leere Flasche Chianti kaputt auf dem Boden und eine Frau sturzbetrunken daneben. Anscheinend hatte Tante ihre Getriebenheit mit Rotwein ausgeknockt und sich selbst dabei leider auch.

Schutzlos wie sie war, nervte ich die Schnapsleiche so lange, bis sie sich auf allen Vieren in den VW-Bus geschleppt hatte.

Als sie sich auf die Matratze fallen ließ, bemerkte ich, dass die Schiebetür vom VW-Bus noch immer sperrangelweit offenstand und das höchstwahrscheinlich die ganze Nacht tun würde. Ich legte mich also dicht an Tantes schlaffen Körper, packte meine Schnauze auf ihren Handrücken und passte auf, dass ihr kein Mensch zu nahekam. Mitfühlend betrachtete ich ihr Gesicht. Ihre Augen bewegten sich unter den Lidern unruhig hin und her, bis sie sich schließlich nach hinten drehten. Ich fragte mich, was sie dort wohl sah.

48. Vampire

Ungefähr 50 Kilometer von uns entfernt lag die Stadt Volterra. Ähnlich wie Siena hatte man ihren mittelalterlichen Kern auf einem Berghügel errichtet. Daher konnte ich schon von Weitem die für das Stadtbild dominante Festungsanlage erkennen sowie einen Glockenturm. Drumherum befanden sich chaotisch zueinander gebaute Wohnhäuser in verblichenen terrakottafarben. Ihre dunkelgrünen Fensterläden waren verschlossen.

Auf den ersten Blick wirkte die toskanische Kleinstadt ein wenig verschlafen, doch verbarg sich hinter dieser müden Fassade ein höchst origineller Tourismus. Seit mehreren Jahren besuchen Menschen den Ort Volterra ausschließlich wegen seiner Vampire!

Diese Entwicklung obliegt einer berühmten Jugendbuchreihe, in der es um die aufregende Liebe zwischen dem Vampir Edward und einem Mädchen namens Bella geht. Eine Schlüsselszene der Beziehung spielt in Volterra, die den Ort quasi über Nacht zu einem Magneten für Fans aus der ganzen Welt machte. Ungewohnt viele Teenager begannen Volterra zu wallfahren, doch die Kleinstadt managte den jungen Tourismusboom gekonnt. Bis heute gibt sie Stadtpläne mit den Handlungsplätzen der Vampirstory heraus und organisiert gruselige Stadtführungen.

Zugegeben, die Altstadt hat von Haus aus eine geheimnisvolle Stimmung. Die Festungsmauern, antike Straßenlaternen und jede Menge Figuren aus weißem Alabaster bieten eine inspirierende Kulisse für die Existenz von Vampiren. Ich konnte mir gut vorstellen, dass hier nachts ein Vampir in den Gassen umherschlich, um seinem Blutdurst nachzugehen.

Während Tante strammen Schrittes mit mir durch Volterra ging, begab ich mich auf Vampirjagd. Ich beschnupperte alles, was mir vor die Nase kam und versuchte, eine Witterung von den Blutsaugern aufzunehmen, solange bis mir einfiel, dass ich gar nicht wusste, wonach ein unsterblicher Vampir eigentlich riecht! Nach Friedhofserde, totem Igel oder Gruft? Egal, ich würde es schon wissen, wenn es so weit war. Zusätzlich hielt ich meine Augen offen und achtete auf Lebenszeichen der Untoten.

In einer schmalen Seitenstraße entdeckte ich einen Gullydeckel, der wohl in die Unterwelt der Vampire führte, denn um den Deckel herum waren mit Kreide Botschaften verschiedener Sprachen wie zum Beispiel »Edward for ever« oder »Beiß mich!« gekritzelt. Demonstrativ scharrte ich mit den Krallen meiner Vorderpfoten auf dem Gullydeckel, aber Tante wollte das schwere Teil nicht anheben und zog mich davon weg. Das war nicht weiter tragisch, da der Gully sowieso bloß die Note eines gewöhnlichen Kanalisationstunnels verströmte.

Am späten Abend wurde meine Jagd interessanter. Tante setzte sich in ein Restaurant, bestellte den »Blutrausch« – ein kleiner Krug mit süffigem Rotwein und dazu »Steak nach Art der Vampire«. Der Kellner bedankte sich und ging Richtung Küche. Dabei zog er einen kaum wahrnehmbaren Geruch von Eisen hinter sich her. Und als hätte er meine Gedanken in dem Moment meiner schaurigen Erkenntnis gelesen, drehte er sich zu mir um und ließ zwei spitze Vampirzähne aufblitzen!

Oder hatte ich geträumt? Ich schüttelte mein Köpfchen, sodass mir meine Schlappohren ein paar Mal kräftig ins Gesicht klatschten. Wieder wach und erfrischt sah ich, dass der Kellner verschwunden war. Ich entschied mich, ihm hinterherzuspionieren.

Das Restaurant befand sich im Erdgeschoss eines alten Palazzos. Opulente Kronleuchter spiegelten sich auf dem Marmorboden. Die Wand zur Frontseite des Gebäudes hatte eine Reihe lang gestreckter Bogenfenster, welche mit hauchdünnen Stoffbahnen verhangen waren. Beim leisesten Windhauch bewegte sich der Stoff leicht in den Raum hinein.

Durchaus annehmbar eingerichtet, aber mir fiel auf, dass der Laden keine weiteren Gäste hatte. Und bei meiner Suche nach dem Kellner, der vermutlich in die Küche gegangen war, um Tantes Bestellung aufzugeben, bemerkte ich, dass es nirgendwo nach Essen roch. An dem Restaurant war definitiv etwas faul!

Auf einmal hörte ich ein leise quietschendes Geräusch. In den Gästebereich hinein wurde eine zweiflügelige Tür geöffnet. Ich erkannte den Kellner, der eine Flügeltür wie ein geduckter Diener offenhielt. Die fremde Gestalt, welche im Türrahmen erschien, trug einen schwarzen Umhang, war leichenblass und müffelte ebenfalls nach verrostetem Eisen. Mit kalten Augen fixierte die Gestalt Tante.

Ich hatte mich also doch nicht getäuscht! In dem Palazzo gab es leibhaftig Vampire! Und im selben Augenblick begriff ich, dass das Restaurant ein Fake war. Eine Falle! Und die Fliege ist der Spinne voll ins Netz gegangen! Nur wenige Schritte und der Blutsauger könnte Tante ergreifen, seine Eckzähne in ihr Fleisch schlagen und jeden Tropfen Blut aus ihr heraussaugen.

Schnell sah ich mich nach einem geeigneten Fluchtweg für uns um, doch leider musste ich dabei feststellen, dass zu dem Festschmaus mehrere Vampire geladen waren! Eine Tür wurde aufgerissen, dann noch eine und noch eine. Wie Spinnen kamen sie aus ihren Löchern heraus und starrten gierig auf ihr Opfer! Auch weibliche Vampire kamen hinzu. Langsam fingen die Blutsauger an, Tante zu umzingeln, die noch immer am Tisch auf ihr Essen wartete und nichtsahnend in ihr Smartphone guckte. Die Bedrohung, die ihr näherkam, bemerkte sie nicht.

Um Tante zu warnen, bellte ich los, aber als sie aufschaute, stürmten alle Blutsauger auf die Frau zu und packten sie. Tante schrie wie von einer Tarantel gestochen, schlug und trat um sich, doch die Vampire hatten sie schon auf den Tisch geworfen und ihre spitzen Zähne in ihr Fleisch gehauen. Sie schmatzen und gurgelten – es war der absolute Horror.

Ich löste mich aus meiner Schockstarre und sprintete auf die Vampire zu, um sie von Tante wegzuzerren – ich knurrte, kratze und verbiss mich in ihre toten Waden, aber die Blutsauger schüttelten mich einfach ab. Hilflos musste ich dabei zusehen, wie Tante versuchte, sich aus den Fängen der Vampire zu befreien und sie um ihr Leben kämpfte. Es polterte grauenvoll, bis ein leises Geräusch das alles übertönte. Etwas in Tante zerbrach. Daraufhin wurde sie ruhiger und dann stumm. Die Vampire drängelten sich enger und dichter um den Tisch herum. Ein jeder wollte möglichst viel von der warmen Mahlzeit abbekommen.

Von Tante kriegte ich nichts mehr mit. Es kam mir so vor, als wäre sie in der Masse aus Leibern untergegangen. Als etwas Blut von der Tischkante direkt neben meine Vorderpfoten tropfte, hörte ich in der Ferne einen Hund aufjaulen. Danach vernahm ich nur noch ein verzerrtes Rauschen.

Nachdem ich wieder zu mir gekommen war, hatten die Vampire den Raum verlassen. Tante lag neben mir auf dem Boden. Ich spürte sofort, dass sie nicht mehr da war. Sie hatte den Geist aufgegeben, war versunken, war einfach weg. Dennoch untersuchte ich sie und stellte fest, dass ihr Herz noch schlug, sich aber merklich dem Tod nahte. Da schmiegte ich mich an Tante und beschloss, sie bis in alle Ewigkeit zu begleiten, um ihr für immer etwas Trost und ein Stück Geborgenheit zu schenken, und ich begann, mir die Seele aus dem Leib zu weinen.

Plötzlich spürte ich, wie eine Frauenhand mein Fell streichelte.

»Sag mal, Raffi, was träumst du denn da?«

Ich öffnete die Augen und erkannte, dass ich mitten in Volterra auf einer Parkbank aus Gusseisen lag. Und Tante saß völlig munter neben mir! Offensichtlich hatte ich nur geträumt.

49. Ein Wohlgeruch

Seit ein paar Tagen schlief Tante zunehmend schlechter. Es waren ihre altbekannten Geister und Dämonen, die ihr Unwesen trieben. Jede Nacht arbeiteten sie sich Schicht für Schicht durch Tantes Kopf, suchten einen Weg in ihr Bewusstsein, krochen von einer tiefen Verdrängung bis zur Oberfläche empor und weckten Tante in Form von schrecklichen Albträumen. Ich bekam davon lediglich die Akustik mit, welche mir unweigerlich verdeutlichte, was für ein Folterprogramm Tante erdulden musste.

Angegriffen von ihrer Schlaflosigkeit ging der Kampf tagsüber weiter. Die Frau deckelte ihre gnadenlosen Peiniger, so gut sie eben konnte, doch oft quollen aufgewühlte Tränen über ihr Gesicht.

Um den Spuk in diesen Stunden etwas abzumildern, bediente sie sich gelegentlich erhellenden Düften. Natürlich löst man mit einer sogenannten Aromatherapie kein Trauma auf, doch ihre molekularen Botschaften rasen von der Nase bis ins Gehirn die Synapsen entlang, gelangen in unsere Sinneswahrnehmung und eröffnen uns angenehme Assoziationen, in denen man zumindest einen Moment aufatmen kann.

Tante zum Beispiel fühlte sich in den Duftwolken von Zimt, Pampelmuse und Sandelholz vorübergehend etwas besser. Räucherstäbchen, Seifen, parfümierte Shampoos und Aromalampen – überall schnupperte es zum Leidwesen meines feinen Gewürzprüfers nach Streicheleinheiten für Tantes geschundene Seele. Vermutlich konnten sie die Dunkelheit in ihr kurzzeitig überschreiben, aber auch nur, wenn diese nicht gerade kohlrabenschwarz war.

Mit einer Duftkerze und so Zeugs bekommt man selbstverständlich auch keine massiven Schlafprobleme in den Griff. Da musste schon etwas Stärkeres her. Also gurkte Tante heute mit dem Roller in die ländliche Toskana.

Von Säulenzypressen gesäumte Alleen und flache Hügel schienen mir das eindrücklichste Bild dieser Region zu sein. Manchmal wechselte die Landschaft seine Farbe, indem sie zu Sonnenblumenfeldern wurde, oder sie veränderte ihre Struktur, weil akkurat angelegte Olivenhaine über die Hügel streiften, aber der malerischste Anblick war das Lavendelfeld, das sich am Ende unserer Fahrt vor uns erstreckte. Blühende Reihen von Lavendelbüschen reichten weit in die Ferne und machten aus der Hügellandschaft einen wogenden Ozean.

Wir hielten an. Warme Brisen aus Lavendelduft wehten in meine Nase. Augenblicklich ließ ich innerlich alles los und auch Tante wirkte entspannter. Sie bekam diesen typischen Gesichtsausdruck, den ihr sonst nur ihre geliebten Strandbesuche verschafften. Kaum nachdem sie die Vespa abgestellt hatte, rannte sie los und hechtete in das blauviolette Meer.

Zurück auf dem Campingplatz, nahm Tante den frisch gepflückten Lavendel und hängte ihn büschelweise im VW-Bus auf. Nachts verströmte der intensive Lavendelduft eine Beruhigung, die ich nicht erwartet hatte. Ich fiel in einen dunkelblauen Schlaf. Er war vollkommen konturlos und still ... Mal abgesehen von Tantes lauten Schnarchgeräuschen!

50. Göttliche Kunst

In der darauffolgenden Nacht war der Effekt des Lavendels verpufft. Tante lag schon wieder wach, obwohl sie sichtlich müde war. Sie war entkräftet von ihrer Getriebenheit und abgespannt von dem Kämpfen mit ihren Geistern und Dämonen – vollkommen erschöpft von den Folgen ihres Traumas.

Zudem wurde der Frau wahrscheinlich bewusst, dass sie mit ihrem Vorhaben gescheitert war. Der Roadtrip hatte ihr Trauma nicht wie erwartet heilen können, auch wenn es manchmal den Anschein erweckt hatte. Und irgendwann in dieser unerträglichen Nacht merkte ich, wie Tante mental in sich zusammensackte.

Ich lag hilflos daneben und dachte, dass auch meine Mission ein Fehlschlag gewesen war, denn ich hatte der Zweibeinerin nicht annähernd eine Brücke gebaut, auf der sie ihre psychischen Nöte hätte überwinden können.

Im Morgengrauen machte Tante den VW-Bus bereit für die Heimreise. Bekümmert, dass es zurück nach Friesland gehen sollte, ließ ich meine Schlappohren auf dem Boden schleifen. Ich wollte nicht, dass Tante aufgab, doch nachdem sie mich auf den Beifahrersitz gehoben hatte und ich auf dem Navi die Koordinaten unseres Fahrziels ablesen konnte, stellte ich erleichtert fest, dass Tante lediglich ans Meer wollte! Und dabei drückte sie heftigst auf die Tube.

Nach kurzer Zeit kündigten die Straßenschilder eine Abfahrt an, die zu einer toskanischen Großstadt führte. Anscheinend konnte Tante der Möglichkeit, diesen Ort zu erkunden, nicht widerstehen, denn im allerletzten Moment riss sie das Steuer rum, und wir verließen unsere Route zur Küste.

Florenz – einst benannt nach der römischen Göttin der Blumen, wuchs seit der Antike zu einer der schönsten Kulturhauptstädte Europas heran. Die atemberaubende Architektur und Tausende von Kunstwerken verleihen dem Ort eine einzigartige Ausstrahlung. Menschen aus der ganzen Welt kommen in die Stadt, um sie zu bewundern.

»Die Geburt der Venus« ist wohl das berühmteste Gemälde von Florenz. Eine unbekleidete Meerschaumgeborene mit wallenden blonden Haaren gleitet auf einer Muschel stehend über das Meer – umgeben von Engeln und umweht von Streublumen. Das fast zwei Meter hohe und drei Meter breite Meisterwerk aus dem 15. Jahrhundert von Botticelli ist geradezu durchleuchtet von Makellosigkeit und perfekter Farbharmonie, doch wird es seit seiner Erschaffung von hässlichen Gerüchten überschattet.

Wer sich von dem Gemälde selbst ein Bild machen möchte, muss sich zunächst mit den nervigen Menschenmassen vor den Uffizien herumschlagen. Auch Tante wollte eine Eintrittskarte erwerben, aber als sie mitbekam, dass Hunde in dem Museum strikt verboten waren und meine heimliche Mitnahme im Bundeswehrrucksack aufgrund der scharfen Sicherheitskontrollen unmöglich, fokussierte sie sich auf die bekannteste Statue von Florenz. Diese war zwar nur eine Kopie, stand aber offen zugänglich mitten in der Stadt.

Der »David« ist eine Männerstatue aus weißem Marmor und posiert seine Siegessicherheit kurz vor dem Kampf mit dem Riesen Goliath. Michelangelo erschuf ihn Anfang des 16. Jahrhunderts. Und er ist vollkommen entblößt!

Kaum hatten wir den David erreicht, betrachtete Tante den fünf Meter großen Kerl von allen Seiten und studierte seinen Hintern mit andächtigen Blicken. Mich dagegen nahmen seine Hände in Beschlag. Sie waren detailgenau wie ein Foto und wirkten verblüffend echt. Michelangelo hatte dem Stein wahrlich Leben eingehaucht!

Leider spricht der David nicht nur von der Genialität seines Meisters, sondern auch von der Machtpolitik seiner Zeit. In Florenz herrschten damals übelste Spannungen zwischen den Adeligen und Bürgern. Letztere hatten die Statue in Auftrag gegeben, um Davids Siegespose symbolisch für sich zu beanspruchen. Bei einem Tumult verlor David seinen linken Arm. Schlussendlich setzte sich der Riese Goliath durch, sprich die Dynastie der Medici.

Florenz Reichtum, Geschichte und Kunst war überwältigend. Jetzt, wo ich versuche, für mein Logbuch ein paar Schnappschüsse von der Pompösität dieser Stadt in Worten festzuhalten, erinnere ich mich an eine Geschichte, die sich lange vor unserem Abstecher nach Florenz zugetragen hatte.

Tante und ich hatten uns bei einer unserer Expeditionen durch die Toskana verfahren und hielten in einer

Kleinstadt an, dessen Name mir unbekannt blieb. Spontan gingen wir durch ihre Gassen, bis wir uns in einer Kirche wiederfanden.

Diese besaß einen mit aufwendigen Malereien, bedeutsamen Figuren und Unmengen goldener Verzierungen gestalteten Altar, vor dem sich eine staunende Menschenmenge scharrte. Noch zögernd, ob wir uns dazugesellen sollten, kam wie aus dem Nichts ein zahnloser alter Italiener mit Buckel auf uns zugeschossen und bedeutete uns, ihm unauffällig zu folgen.

Der Mann führte uns in einen menschenleeren hinteren Bereich der Kirche, der weniger protzig war. Aufgeregt gab er italienische Worte von sich und zeigte dabei wild gestikulierend auf ein verblichenes Wandgemälde von Jesus. Bei näherem Hinsehen entdeckte ich über dem Kopf vom Sohn Gottes eine kleine fliegende Taube. Diese hatte keine kunstschaffende Person gemalt, sie war zufällig durch Risse und das beginnende Abblättern der Wandfarbe genau an dieser Stelle entstanden! Es sah wirklich so aus, als wäre eine Taube vom Himmel herabgekommen und verweilte nun mit ihren ausgebreiteten Flügeln über dem Haupt Jesu.

Im Vergleich zu den imponierenden Kunstwerken, welche die Bevölkerung von Florenz auf die Beine gestellt hatte, hinterließ dieses bei mir ein Gefühl von Demut. Ich werde die Taube niemals vergessen.

51. Quantensprünge

In Florenz macht man automatisch eine Zeitreise in die Renaissance. In keiner anderen europäischen Stadt zeigt sich diese Epoche so eindrücklich wie hier. Dank profitablen Außenhandel ist die Stadt damals so reich gewesen, dass die Florentiner es sich leisten konnten, unsagbar teure Gebäude, Skulpturen und Gemälde in Auftrag zu geben, und so begegnete Tante und mir dieser Nachlass überall.

Unverkennbar hatte sich die Renaissance dem Wissen antiker Gelehrter bedient und gleichzeitig aus aktuellen Innovationen geschöpft. Diese hochexplosive Mischung entzündete sich zu einem europaweiten Feuerwerk auf nahezu jeder geistigen Ebene und vollbrachte einen Quantensprung für die gesamte Menschheit.

Die grundlegendste Veränderung jedoch war das Menschenbild selbst. Zwar bestand Adam noch immer aus einer Handvoll schlichter Erde, aber sein Wesen wurde nach dem Abbild Gottes geschaffen – ausgestattet mit abstraktem Denkvermögen und einem Sinn für Schönheit. Dieses neue Selbstbewusstsein ebnete derzeitiger Kultur und Bildung ein weitaus höheres Niveau als jemals zuvor.

Die Erfindung des Buchdrucks wurde dabei zu einer tragenden Wand. Fortan war es den Menschen möglich, ihr wertvolles Gedankengut festzuhalten und sogar zu duplizieren, beispielsweise die Konstruktionen von atemberaubenden Kathedralen oder Dachkuppeln. Genauso taten sich Türen im Bereich der Medizin auf, denn offenkundige Studien der menschlichen Anatomie revolutionierten die bisherigen Kenntnisse. Der Kunst bescherte die Entdeckung der Zentralperspektive mehr Tiefe sowie die inhaltliche Loslösung von traditionellen Motiven. In der Wirtschaft machte eine simple Rechnung wie die doppelte Buchführung unterm Strich mächtig was her. Die Erforschung der Gestirne befähigte die Seefahrt zu ausgedehnten Segelstrecken und erreichte schließlich den globalen Handel. Aber zum leuchtendsten Stern der Renaissance zählte wohl das Lebenswerk des Universalgelehrten Leonardo da Vinci. Seine technischen Erfindungen bildeten die Vorläufer der heutigen modernen Zeit. Das visionäre Genie kreierte Roboter, Fluggeräte, Automobile, Maschinengewehre und Kriegspanzer, nebenbei malte er das Lächeln der Mona Lisa.

Insgesamt befruchteten sich alle Errungenschaften der Renaissance gegenseitig, die wiederum neue Entwicklungsstufen hervorbrachten, und so stieg die Menschheit in völlig ungeahnte Sphären empor, bis sie das Mittelalter überwunden hatte.

Ich weiß, der Vergleich hinkt etwas, trotzdem wünschte ich mir einen ähnlichen Fortschritt für Tante, die ihr Leben noch immer mit finsteren Geistern und Dämonen fristen musste. Nach unserem Skandinavien Trip hatte ich den Eindruck gewonnen, dass Tante versuchte, gegen ihre psychischen Probleme anzugehen, aber als wir in Siena campten, gewannen sie wieder die Überhand. Demzufolge hatte ich mich dazu durchgerungen, Tantes Konto hacken zu lassen und bestellte im Internet gebrauchte Bücher an die Adresse unseres Campingplatzes. Die Bücher behandelten Themen wie posttraumatische Belastungsstörungen, Depressionen, Nervenzusammenbrüche, Therapieformen und so was halt. Ein Potpourri aus verschiedenen Sachbüchern über die menschliche Psyche. Und weil es mir nicht besonders erbaulich schien, ausschließlich zu lesen, wie kaputt man ist, hatte ich noch Biografien von Menschen mit psychischen Problemen, die ihr Leben erfolgreich gemeistert haben, dazu gepackt. Ich wollte unbedingt, dass Tante lernte, ihre Probleme besser zu verstehen, damit sie mehr Klarheit über ihre Situation gewinnen und endlich weiterkommen könnte. Die Geister und Dämonen sollten ihre diffuse Macht verlieren.

In letzter Minute waren die Bücher in Siena angekommen. Verblüfft hatte Tante den Karton vom Campingplatzwart in die Hände gedrückt bekommen. Als beim Auspacken ein Stapel Bücher zum Vorschein kam, sah Tante mich verstört an.

»Guck mal Raffi! Anscheinend habe ich im Suff diese Bücher bestellt! Ich sollte wohl besser aufhören, so viel Rotwein zu trinken.«

Obwohl ich auf genau diese Reaktion gesetzt hatte, nämlich dass Tante meinen Interneteinkauf mit ihrer Sauferei erklären würde, traf mich ihre Konsequenz zukünftig weniger trinken zu wollen völlig unerwartet, kam Tantes Genesung aber durchaus zupasse. Und sollte die Frau über diesen Entwicklungsschritt hinaus auch noch die Bücher lesen, vollzöge sich, so errechnete ich, ihr persönlicher Quantensprung!

52. Schräglagen

Der schiefste Turm der Welt steht in Ostfriesland. Angebaut an ein solide stehendes Kirchenschiff fristet der Turm sein Dasein in einem recht befremdlichen Neigungswinkel – festgehalten im Guinnessbuch der Rekorde. Dennoch ist der schiefe Turm von Suurhusen den meisten Menschen kein Begriff. Anders verhält es sich mit dem zweitschiefsten Turm der Welt.

Diesen schien Tante sich auch noch ansehen zu wollen, denn kurz nachdem wir Florenz verlassen und wir unsere alte Route zum Mittelmeer wieder eingeschlagen hatten, fuhr Tante erneut eine ungeplante Abfahrt runter. Ich nahm an, dass sie mit diesem Speedsightseeing auch ihre Getriebenheit zu kompensieren versuchte, denn anders konnte ich mir diesen freiwilligen Reisestress nicht erklären. Der Stress schien bei ihr wie ein Gegengewicht zu wirken und hielt sie in Balance, obwohl das auch etwas Destruktives hatte.

Der Turm von Pisa sah aus, als würde er gleich umfallen. Er ragte mit mehreren Stockwerken, die jeweils von einer Loggia aus Rundbögen umgeben waren, hoch hinauf in den Himmel und das in einer fulminanten Schräge.

Schon kurz nach seinem Baubeginn im 12. Jahrhundert hatte der Glockenturm seitlich zu versacken begonnen. Auf dass er diese Schieflage zumindest halten könne, wurde der entstandene Neigungswinkel in die Konstruktionspläne bei der Fertigstellung des Turms miteinbezogen. Auch in den nachfolgenden Jahrhunderten versuchte man, den Turm mit verschiedenen Maßnahmen zu stabilisieren. Ein wirklich bemerkenswerter Erfolg stellte sich im Jahr 2018 ein. Ganze vier Zentimeter konnten Bauingenieure und Architekten den Schiefen Turm von Pisa aufrichten. Keine Frage, ein echt schräges Teil!

Nachdem Tante und ich uns am Fuße des Turms einen steifen Nacken abgeholt hatten, machten wir es den anderen Reisenden gleich und setzten uns auf die Rasenfläche vor dem Dom, zu dessen Gebäudekomplex der Turm gehörte. Tante hatte aus dem VW-Bus eines ihrer neuen Fachbücher mitgenommen und blätterte darin herum.

Gelangweilt beobachtete ich Leute, bis mir weiter hinten eine Gruppe Punks auffiel. Die Jungs hatten allesamt kaputte Klamotten, lustige bunte Frisuren, und mancher von ihnen trug verwirrenderweise ein Hundehalsband mit Nieten! Am spannendsten jedoch war, dass sie einen Bereich des heiligen Domplatzes zu ihrem persönlichen Bolzplatz umfunktioniert hatten und darauf allen Ernstes Fußball spielten. Ein paar leere Bierdosen markierten die beiden Tore.

Dieses Spektakel musste ich mir selbstverständlich aus der Nähe ansehen und trottete los. Kaum war ich in Reichweite, spielte mir einer der Punks den Fußball zu. Ich stoppte den Ball und stupste ihn geschickt zurück. Die Jungs waren begeistert von meinem Talent, und schon war ich mit von der Partie!

Am Anfang hatte ich noch Bedenken, meine Mitspieler könnten mich bei wilden Rangeleien um den Fußball aus

Versehen treten, zumal sie echt derbe Knobelbecher anhatten, doch die Jungs achteten gut auf mich. Und weil ich mich nicht so recht für eine Mannschaft entscheiden konnte, wurde ich einfach als unparteiischer Stürmer eingesetzt. Stets raste ich über das Spielfeld, nahm den Jungs den Ball weg und schob ihn in eine andere Richtung. Kein einziges Manöver der Jungs hatte eine Chance, denn ich brachte ihr Spiel immer wieder durcheinander. Dieser Schwierigkeitsgrad stachelte die Punks enorm an, und so entbrannte ein aufregendes Fußballspiel!

Irgendwann hatte ich ein Glücksbarthaar. Ich fing den Ball ab, unterbrach damit einen gefährlichen Pass in unmittelbarer Reichweite des Tores und begann den Ball selbst zum Tor zu bugsieren. Leider stellte sich mir ein Punk mit einem gewaltigen Irokesenkamm breitbeinig in den Weg. Im Bruchteil einer Sekunde überlegte ich mir eine Taktik, den Kerl zu umgehen. Dann schubste ich den Ball mit meiner Schnauze an ihm vorbei, schnellte zu seiner Überraschung zwischen seinen Beinen hindurch, bemächtigte mich des Balls wieder und kickte ihn elegant ins ... TOOOOOR!!! Mein Gegner guckte dumm aus der Wäsche! Die anderen Punks schmissen sich vor Lachen auf den Boden, anschließend kamen sie zu mir gerannt und lebten mich mehrmals hoch.

Als ich später zu Tante zurückkehrte, trug ich ein rotes Hundehalsband mit spitzen Nieten drauf, und vor Stolz war meine Brust mindestens auf das doppelte ihres Volumens angeschwollen! Tante freute sich für mich und klopfte mir anerkennend den Rücken. Im selben Moment kam ein Japaner auf Tante zu und fragte sie, ob er ein Foto von uns knipsen dürfe. Das verwunderte mich, bis mir das Motiv schließlich klar wurde: Ein knallharter Punk auf vier Pfoten neben einem Hippie mit Schlapphut und Paisleykleid.

53. Souflierter Trost

Es war Hochsaison, und die Campingplätze am Mittelmeer platzen aus allen Nähten. Zudem hatte Tantes Reisewut ihren Tribut gefordert und uns eine nervige Reizüberflutung auferlegt. Darüber hinaus machte die Hitze alles noch viel anstrengender.

Als die Sonne begann unterzugehen, gab Tante die Suche nach einem Campingplatz auf und enterte eine verlassene Meeresbucht, bei der nur seichte Wellen über den Strand liefen. Dort war es so leise, dass man das säuselnde Reiben der Sandkörner hören konnte, wenn sich das Wasser zwischen den regelmäßigen Atemzügen des Meeres für einen Moment vom Strand zurückzog.

Hastig zog Tante sich aus, streifte ihren Bikini über und rannte in die Brandung. Da erst verstand ich, wie sehr sie das Meer eigentlich vermisst haben musste. Das letzte Mal war sie in der Ostsee schwimmen gewesen, und das lag schon eine ganze Weile zurück. Und weil ich nach diesem heißen Tag auch ein Bad vertragen konnte, stürzte ich Tante hinterher.

Verglimmendes Sonnenlicht brach sich in den Wellen und machte das Wasser zu flüssigem Gold. Wir schwammen weit raus. Bis zur Hälfte war die glühende Sonne bereits im Meer versunken und trieb mit uns auf Augenhöhe. Tantes Gesicht leuchtete, wie ich es schon lange nicht mehr gesehen hatte. Sie suhlte sich in ihrem Glück, drehte sich auf den Rücken und ließ sich vom Salzwasser tragen. Der Himmel über uns bewegte sich wie leicht changierender Stoff, dämmerte in abendlichen Farben, bis er den Vorhang langsam zur Seite schob und die ersten Sterne aufgehen ließ.

Irgendwann während unseres Roadtrips habe ich erkannt, dass Tante zum Meer eine besondere Beziehung pflegt. Natürlich war sie durch und durch eine Küstendeern, doch ihr Verhältnis zu den rauschenden Fluten besaß mehr Tiefgang als angenommen. Ich hatte mehrmals beobachtet, wie Tante sich frontal zum offenen Meer in seinen Spülsaum stellte und Millimeter für Millimeter versank. Nicht nur mit den Füßen im Sand, sondern auch geistig. In diesen Momenten erschien es mir so, als würde sich das Meer mit der jungen Frau unterhalten. Zwar konnte ich keine Stimmen hören, aber ihr Gesicht verriet mir die vom Meer gesprochenen Worte. Manchmal lächelte Tante vertraut, ein anderes Mal wirkte sie beruhigt. Ich glaube, dass sie vergessene Wahrheiten zugeflüstert bekam. Und wenn Tante genug Zuwendung vom Meer erhalten hatte, geschah etwas, was mich stets berührte. Sie öffnete sich. Verdrängter Schmerz quoll aus ihr heraus, Tränen befreiten sich und flossen ab. Das Meer nahm ihren Kummer und gab ihr stattdessen einen Trost, der ihren menschlichen Horizont überragte. Dann las ich in ihrem Gesichtsausdruck eine unbeschreiblich selige Weite. Und nur in der Gegenwart des Meeres fand Tante die Kraft, Schritt für Schritt sich selbst zu begegnen.

55. Kolosseum bei Nacht

In den nächsten Tagen wurde Italien von der erwarteten Hitzewelle erfasst, die unseren Roadtrip nahezu ausbremste. Lediglich in den Mittagsstunden, wenn es unerträglich heiß war und sämtlicher Schatten sich rargemacht hatte, fuhren wir mit aufgerissenen Fenstern sowie offener Schiebetür einige Kilometer weiter die Küstenstraße entlang, bis wir erneut einen einsamen Strand zum Übernachten gefunden hatten. Jede Nacht lagen wir auf einem weichen Sandbett unter freiem Himmel. Die Sterne leuchteten über uns und kühle Luft brandete auf unseren Gesichtern.

Tante und ich gewöhnten uns an, früh morgens schwimmen zu gehen. Bereits an den Vormittagen verwandelte die Sonne den Strand in eine glühende Wüste, die das Laufen durch den Sand unmöglich und alle anderen Bewegungen schwerfällig machte. Einen Großteil dieser Tage verbrachten wir auf der Sonnenliege im Schatten des Bullis. Wir hörten Hippiesongs, besonders oft »The horse with no name« von der Band America und glitten in eine Trägheit, die selbst Tantes innere Getriebenheit lähmte. Notgedrungen begann die Frau wieder Tagebuch zu schreiben, um ihre quälenden Gedanken und Gefühle in Worte zu fassen und auf diese Weise auf Abstand zu bringen.

Erst spät abends sanken die Temperaturen, und Tante konnte eine Kleinigkeit für uns kochen. Rotwein gehörte nicht mehr in ihr Programm. An dessen Stelle genehmigte sie sich die nüchterne Realität. Um Entspannung zu finden, joggte sie ein wenig am Strand und machte anschließend Dehnübungen. Mit dem Schreiben ihres Tagebuchs, der Alkoholabstinenz und dem Lauftraining gewann sie sichtlich an Stabilität. Und falls sie ihrem inneren Schweinehund nachgeben wollte, belaberte ich sie mit meinem Dackelblick, dann raffte sie sich doch auf.

Als wir mit dem VW-Bus ungefähr die Höhe von Rom erreicht hatten, beschloss Tante der Hauptstadt Italiens einen Besuch abzustatten. Um der sengenden Hitze und gleichzeitig den Massen von Reisenden zu entgehen, meldete Tante sich bei einer Stadtführung bei Nacht an. Der Höhepunkt dieser Führung war das Kolosseum.

Von Weiten sah das Ding aus wie die rostige Waschtrommel, die Herrchen oft als Feuerkorb zu Hause am Nordseestrand benutzt hatte. Die Flammen leuchteten aus den vielen kleinen Löchern in der Trommelwand heraus. Ähnlich sah das Kolosseum bei Nacht auch aus, mal abgesehen davon, dass das Teil in Rom ein Gigant aus Stein war, in dessen Fassade man bogenförmige Öffnungen gebaut hatte, die von einem warmen Licht illuminiert wurden.

Tante hatte mich in ihren Bundeswehrrucksack gesetzt und folgte der Reisegruppe als Letzte durch den Eingang. Die Mitführung von Hunden war im Kolosseum untersagt, und so konnte niemand sehen, dass ich unter dem Rucksackdeckel neugierig durch die Gegend linste.

Wir durchschritten hallenartige Gänge, stiegen mehrmals Treppen hinauf und erreichten schließlich eine Aussichtsfläche, von der aus ich einen ersten Blick auf das Kolosseum von innen werfen konnte. Es hatte ungefähr die Größe und Form eines Fußballstadions, nur dass das Spielfeld seinerzeit eine Kampfarena war und sein Publikum Gladiatoren bejubelte. Heute Nacht regte sich in der Arena jedoch nur ein Spiel aus Licht und Schatten. Scheinwerfer fluteten die steinernen Reste von Tribünen, Gängen und Stufen und belebten sie stimmungsvoll.

Ich fand, dass das Kolosseum bei Nacht eine der romantischsten Kulissen bot, die ich jemals gesehen hatte. Wehmütig stellte ich mir vor, gemeinsam mit der sexy Streunerin durch die Ruine zu wandeln und den Mond anzuheulen, aber das Schicksal hat uns für immer getrennt. Ich habe noch nie Glück in der Liebe gehabt. Letztes Jahr hatte ich es im Internet mit einer Partnervermittlung für Dackel versucht, doch die Damen ließen mich eiskalt abblitzen, sobald sie erfuhren, dass ich bloß ein Landei war und als Jagdhund auch nichts Aufregendes zu erzählen hatte. Da ist mir die sexy Streunerin deutlich lieber gewesen. Die hatte wenigstens das Herz am rechten Fleck!

Ich beschloss mir die Zeit im Kolosseum nicht durch meine unerfüllten Sehnsüchte vermiesen zu lassen, wühlte mich im Rucksack in eine andere Position und legte meine Schnauze auf Tantes Schulter. Die Frau schlenderte gerade auf eine der bogenförmigen Öffnungen zu, welche sich vom Nahen als mehrere Meter hoch erwiesen. Als wir gemeinsam rausschauten, sahen wir runter auf die befahrenen Straßen Roms bei Nacht. Es war ein erhabener Moment.

Als unser Stadtführer meinte, dass er die Gruppe noch in den untersten Bereich der Arena führen wolle, befürchtete ich, dass Tantes Gemütslage kippen könnte, denn spätestens dort würden die brutalen Kampfszenen der Römerzeit in ihr Bewusstsein treten. Schon seit geraumer Zeit vermutete ich, dass Tantes Trauma durch körperliche Gewalt ausgelöst worden war, und nun sah ich vor meinem geistigen Auge, wie sie in diesem Bauteil auf einmal einen Flashback erlitt, wie sie sich mit ihren Geistern und Dämonen aus nächster Nähe auseinandersetzen musste, wie sie das Kolosseum auf schnellstem Wege verließ und sich irgendwo eine Flasche Rotwein kaufte, um ihr Traumaerleben schnellst möglichst zu beenden.

Nachdem wir den unteren Bereich der Arena betraten, geschah nichts von alledem. Friedlich latschte Tante mit mir durch die steinernen Überreste der Unterkellerung, die offenbarte, was für abscheuliche Gewaltszenen damals unterhalb der Arena eingefädelt worden waren, damit das Publikum spektakuläre Kämpfe um Leben und Tod zu sehen bekam. Selbst als der Gruppenleiter die Technik der Fahrstühle erklärte, mit denen wild gemachte Tiere auf die Arena befördert worden sind, um die Gladiatoren zusätzlich zu stressen, zuckte Tante nicht mit der Wimper. Und als er detailliert von grauenvollen Seeschlachten berichtete, die vor dem Bau der Unterkellerung in der Arena stattgefunden haben sollen, zeigte Tante ebenfalls kein Anzeichen eines Flashbacks. Es schien, als hätte es in ihrer Vergangenheit keinerlei gewalttätige Übergriffe gegeben.

56. Traumata

Nachdem wir eine weitere Nacht am Strand gepennt hatten, und das ganz in der Nähe von Pompeji, beschloss Tante sich auch diesen alten Unglücksort einmal aus der Nähe anzusehen. Ich hatte eigentlich keinen Bock mehr auf eine weitere Kamelle aus der Römerzeit, aber nachdem wir Pompeji erreicht hatten, erfuhr ich am Eingang, dass Besuchende auf dem Gelände ausschließlich kleine Hunde mitführen durften, was mich plötzlich ungemein motivierte. Mit gebürstetem Ego und erhobener Schnauze passierte ich das Tor in die Antike!

Pompeji ist die größte und besterhaltenste Ruinenstadt der Welt. Sie wurde durch die Vulkanasche des 79 n. Chr. ausgebrochenen Vesuvs bedeckt und auf diese Weise konserviert. Mittlerweile ist die Stadt fast vollständig wieder ausgegraben worden.

Einst war Pompeji ein quirliger Ort – Tempel, Altäre, religiöse Statuen, Amphitheater, Markthallen, Thermen und Bordelle zeugten von lebhaftem Treiben, doch von einem Tag auf den anderen war damit Schluss. Zunächst begrub der ausbrechende Vesuv die Dächer und Straßen Pompejis unter einem brutalen Regen aus Bimsstein und schloss die bis zu diesem Zeitpunkt noch nicht geflohene Bevölkerung in ihren Häusern ein. Danach folgte eine glühend heiße Druckwolke aus Gas und Asche, die sich auf die Stadt presste und damit den Tod dieser Menschen besiegelte. Der Vulkan eruptierte in einem solch apokalyptischen Ausmaß, dass die Naturkatastrophe den Ort unerwartet schnell erfasste und das Leben vieler Menschen erbarmungslos ausmerzte.

Fast 2000 Jahre später schlenderten Tante und ich über die grob gepflasterten Römerstraßen von Pompeji. Ausgestorben wirkte die Stadt nicht, weil ja überall Leute herumliefen, dennoch beschlich mich ein mulmiges Gefühl. Zweifelsohne war es interessant, dass man Pompeji ausgegraben hatte und man einen Eindruck von einer antiken Stadt bekam, aber für mich fühlte es sich so an, als würde ich durch eine Grabstätte laufen.

Die Gebäude von innen zu erkunden, war angenehmer. Einige der großflächigen Wandmalereien hatten das grausige Schicksal von Pompeji überlebt, selbst die Originalfarben. Und die alten Römer hatten wirklich dick aufgetragen! Jagdszenen, Trinkgelage, erotische Akte und die Gesellschaft diverser Götter. Demnach hatten die Bewohnenden von Pompeji ein recht dekadentes Leben geführt.

Gut gefallen hat mir das »Haus der Obstgärten«. Hier gab es drei Räume, die vom Fußboden bis zur Decke mit paradiesisch anmutenden Gartenbildern bemalt waren. Zitronenbäume, blühender Oleander und herumflatternde exotische Singvögel – ich hatte echt das Gefühl, mitten in einem mediterranen Garten zu stehen.

Aber der absolute Knaller war das »Haus des tragischen Dichters«. Sein ehemaliger Bewohner hatte in den Boden des Eingangsbereichs ein Hundebild aus winzigen schwarz-weißen Mosaiksteinchen setzen lassen! Der Hund knurrte eintretende Besucher bedrohlich an und unter dem Bildnis stand in lateinischer Schrift »Cave canem«, was ungefähr so viel bedeutet wie »Vorsicht vor dem Hund«, ähnlich den Fußmatten von heute. Auch in einem anderen Privathaus entdeckten wir ein solches Hundemosaik. Mir fiel zwar auf, dass beide Vierbeiner angekettet waren, was ich ziemlich altertümlich fand, aber immerhin zeugten die Mosaikbilder davon, dass der Hund ein beliebtes Haustier der pompejischen Bevölkerung war!

Jedoch wurde meine Begeisterung darüber wieder getrübt, als wir in der Ruinenstadt einen versteinerten Hund fanden. Sein Körper hatte in dem erkalteten Vulkanmaterial einen Hohlraum hinterlassen, welcher von Archäologen mit Gips ausgefüllt worden war. Anhand dieses Abdrucks konnte man genau erkennen, wie schlimm sich das Tier in der Stunde seines Todes gequält haben musste. Elendig gekrümmt lag der Hund da. Anscheinend hatte sein Besitzer vergessen, ihn nach dem Vulkanausbruch von der Kette zu lassen! Bei dem Anblick des Hundes habe ich richtig wackelige Knie bekommen. Tante erging es ähnlich.

Nicht leichter wurde es, als wir auf die Gipsabdrücke der verendeten Menschen von Pompeji stießen. Sie lagen dort zusammengekauert und allein, manche umklammerten mit ihren Armen ein Kind, und ein Paar schien sich verzweifelt einem letzten Liebesakt hinzugeben. Es war grauenvoll, ihrer aller Tod mitzuerleben. Den Schrecken, der den Menschen bei dieser Naturkatastrophe in die Glieder gefahren war, konnte man genau wie bei dem Hund in allen Einzelheiten sehen.

Pompeji ging mir unter das Fell. Nirgendwo sonst in Europa hatte ich Leben und Tod so dicht beieinander gespürt wie an diesem Ort, und nichts Vergleichbares hatte mich näher an Tantes seelische Bürde gebracht wie diese schockierenden Gipsfiguren. Sicher, die Frau schwelgte unter den Lebenden, doch das Trauma zeichnete sich noch immer deutlich an ihr ab.

Ich fragte mich, ob ich es jemals erfahren würde, was Tante in Marokko Schlimmes passiert war. Vielleicht wäre es aber auch besser, wenn ihr Geheimnis für immer zugedeckt bliebe.

56. Schiffbruch

Heute machten wir einen Ausflug auf die Insel Capri. Ich verband mit ihr ein gewisses Flair der 50er- und 60er-Jahre, dachte an Filmstars wie Sophia Loren oder Audrey Hepburn, schicke Cabriolets und eine rote untergehende Sonne. Ich freute mich auf diesen Trip, genau genommen auf eine mächtige Dröhnung la Dolce Vita, aber Tante entführte mich in die Welt von Karl Wilhelm Diefenbach!

Dieser deutsche Künstler hatte sich im Jahr 1900 auf die Insel zurückgezogen und dort sein restliches Leben in einer Art selbst gewähltem Exil verbracht. Zu den berühmten Malern gehörte er nicht, obgleich er berufliche Erfolge verzeichnen konnte und sich stets mit bohèmen Größen umgab. Gegenwärtig ist sein Name kaum noch jemanden ein Begriff.

Als Sozialreformer machte er deutlich mehr Furore. Vermutlich trug seine Persönlichkeitsveränderung als junger Erwachsener dazu bei. Diefenbach begann den prüden Kaiserstaat und die fortschreitende Industrialisierung zu verabscheuen, sowie alle Formen von gesellschaftlichen Zwang. Seiner Weltanschauung nach lag die Erlösung der Menschheit im naturgemäßen Leben, einer Art Rückkehr ins Paradies. Der Mann legte sein bisheriges Leben ab, trug Kutte, lange Haare und Rauschebart. Er frönte dem Nudismus und ernährte sich vegan.

Diefenbachs Lehren, die er öffentlich predigte, waren zu jener deutschen Kaiserzeit extrem aufsehenerregend. Die meisten Leute empfanden seine Lebensweise als einen Skandal, manche verspotteten ihn als den »Kohlrabi-Apostel«, andere wiederum sahen in seiner Radikalität ein gewisses prophetisches Charisma und betrachteten ihn als einen Messias. Tatsächlich versammelte Diefenbach einige Nachfolger um sich und gründete eine Kommune.

Nun könnte man annehmen, dass es sich dabei um eine der ersten Hippiekommunen gehandelt hat, doch im Bezug auf freie Liebe vertrat Diefenbach eher untypische Vorstellungen. Seine Jünger sollten sich den geistigen Lehren ihres Meisters unterordnen. Dazu gehörte es, keusch zu leben. Verständlich, dass es trotzdem Reibereien gab, denn der Meister selbst führte sexuelle Beziehungen zu Frauen, noch dazu in polygamer Form.

Es wurde viel gemunkelt, warum Diefenbach in seinen besten Jahren die Abgeschiedenheit von Capri wählte, doch über 100 Jahre nach seinem Tod kann man eindeutig sagen, dass manche seiner umweltpolitischen Überzeugungen seiner Zeit weit voraus waren. Heutzutage gilt Diefenbach in vielerlei Hinsicht als ein Urvater der Alternativbewegung.

Gleich nachdem Tante und ich auf der Insel angekommen waren, stiegen wir in ein Taxi, das uns zu einem Kloster fuhr. In den Klosterräumen hatte man einige von Diefenbachs Malereien, die er während seines Exils auf Capri geschaffen hatte, ausgestellt.

Als ich dort einige seiner Bilder betrachtete, fand ich, dass sie ohne jede Lebensfreude waren. Sie wirkten düster und abgedriftet. Ich war mehr als enttäuscht. Nach Tantes Geschmack war Diefenbachs Kunst mit Sicherheit auch nicht. Wollte sie den Maler etwa auf einer anderen Ebene huldigen? Tatsächlich registrierte ich zwischen Diefenbach und Tante eine Gemeinsamkeit, nämlich ihre unkonventionelle Lebensweise.

Wieso Tante eigentlich so hippiemäßig drauf ist, habe ich nie hinterfragt, nicht mal, als sie nach Marokko ausgewandert war. In Anbetracht ihrer Jugend hatte ich angenommen, dass sie sich fern ab von den Deichen Frieslands oder der genormten westlichen Welt ausprobieren wollte. Auch nachdem sie in Marokko Schiffbruch erlitten hatte und seither mit dem VW-Bus durch Europa trieb, habe ich ihren blumigen Lebensstil nicht genauer unter die Lupe genommen. Möglicherweise war die Frau viel ernsthafter mit diesem Hippieding verwachsen, als ich gedacht hatte.

Tante betrachtete die finsteren Gemälde Diefenbachs mit einem Gesichtsausdruck, der sich zwischen vagen Grübeleien und festem Gedankengut hin und her bewegte, bis ich darin eine Ernüchterung ablesen konnte, die mich innerlich gefrieren ließ. Ich hatte keinen Schimmer, was in der Frau vonstattenging, dennoch wusste ich instinktiv, dass ich sie schleunigst von hier wegbringen sollte. Also schauspielerte ich, dass ich ganz dringend pinkeln müsse und zog die Frau an meiner Leine nach draußen in die Sonne.

Den Rest des Nachmittags zerrte Tante mich hinter sich her. Die Frau hatte es sich urplötzlich in den Kopf gesetzt, ausgiebig shoppen zu gehen, und das konnte man auf Capri zu meinem Leidwesen stundenlang. Wie eine

Besessene verschwand sie in den Umkleidekabinen der Boutiquen und zog sich um, wobei ich erst nach mehreren Anproben schnallte, dass es sich hierbei um kein Vergnügen handelte. Die Frau riss sich buchstäblich ihre Klamotten vom Leib, schleuderte sie auf den Boden der engen Kabinen direkt neben mich und probierte neue Sachen an. Sie wurde immer hitziger. Einmal fasste sie sich an die Schläfen, so als hätte sie Kopfschmerzen, die sie einfach nicht loswurde.

In der letzten Boutique drehte Tante dann plötzlich ganz durch. Sie sank auf den Boden der Umkleidekabine und begann zu weinen. Die Verkäuferin wusste zunächst nicht, was sie von der Situation halten sollte, aber dann fragte sie durch den Vorhang, ob sie ihr vielleicht helfen könnte. In dem Moment nahm Tante sich zusammen und stand wieder auf. Mit fester Stimme bat sie die Verkäuferin, ihr das gesamte Outfit aus dem Schaufenster in ihre Kabine zu bringen. Die Verkäuferin tat wie ihr geheißen. Einige Minuten später reichte sie sogar eine kleine Tasse Espresso durch den Vorhangspalt.

Irgendwann war Tante ausstaffiert. Sie trug eine Caprihose – diese Dinger mit gewolltem Hochwassereffekt, – dazu ein ärmelloses schlichtes Stehkragenshirt, ein Paar Ballerinas und eine Sonnenbrille im Cat-Eye-Stil. Mit einem letzten Ruck entfernte sie ein hängengebliebenes Preisschild und sagte der Verkäuferin, dass sie ihre alten Sachen entsorgen könne, weil die ohnehin schon fadenscheinig wären.

Ich verstand die Welt nicht mehr. Der Hippie in Tante war fort! Und der neue Retrolook stand ihr verblüffend gut. Da erst erkannte ich, dass die Frau sich seit dem Beginn unseres Roadtrips verändert hatte. Sie wirkte viel aufgeräumter und erwachsener. Schnell schüttelte ich ein paar Knitterfalten aus meinen Anzug und stellte mich kavaliersmäßig an Tantes Seite.

57. Frieden finden

Spät abends waren wir wieder auf dem Festland, und Tante schlug unser Nachlager an dem nächstgelegenen Strand auf. Anschließend grub sie überall um unser Lager herum mit ihren Händen kleine Mulden in den Sand. Ich vergrößerte einige mit meinen Pfoten, obwohl ich keine Ahnung hatte, wozu die Aktion eigentlich gut sein sollte. Zu guter Letzt kramte die Frau eine Packung Teelichter aus der Seemannskiste hervor und setzte in jede einzelne Sandmulde eine solche Kerze hinein. Da begriff ich, dass die Flammen auf diese Weise nicht vom Wind ausgepustet werden konnten. Als Tante alle Dochte angezündet hatte, erstreckte sich in der Dunkelheit um uns herum eine flimmernde Kraterlandschaft.

Wir machten es uns im Sand gemütlich. Ich hing meinen Gedanken nach, wobei mich Tantes Häutung auf Capri am meisten beschäftigte, doch bevor ich irgendwelche analytischen Schlüsse aus ihrem Verhalten ziehen konnte, war ich eingepennt.

Am nächsten Morgen wachte ich früh auf. Ich hatte das Geräusch von knirschenden Steinen gehört. Beunruhigt guckte ich, ob vielleicht jemand um unseren VW-

Bus schlich, den Tante gestern auf einem Schotterweg oberhalb des Strandes abgestellt hatte, aber es war niemand zu sehen. Also schaute ich zur Brandung runter. Schlagartig jagte mein Puls hoch. Ein Chamäleon, so groß wie ein Dinosaurier, kletterte über den Felsausläufer vom Meeresufer! Und ich schätzte, dem Ungeheuer würden nur noch wenige Schritte fehlen, bis es seine lange Reptilienzunge zu mir oder Tante ausschnellen könnte, um einen von uns damit zu fesseln und in seinem Schlund verschwinden zu lassen!

Damit das Scheusal uns bloß nicht entdeckte, verkniff ich es mir zu bellen. Stattdessen versuchte ich mich mit ganz langsamen Bewegungen aus dem Schlafsack zu befreien. Dummerweise hatte Tante mich mit ihrem Rücken in dem engen Teil ziemlich eingequetscht, sodass ich meine Beine kaum bewegen konnte! Tante schlief noch immer und bekam von dem Monster, das auf uns zukam, nichts mit. Mir blieb keine andere Wahl, als mich totzustellen.

Das Chamäleon wackelte den Strand entlang. Mir fiel auf, dass es Schwierigkeiten hatte, auf dem weichen Sandboden genügend Halt zu finden und balancierte mehr, anstatt voranzukommen. Zudem wirkten seine hervortretenden Chamäleonaugen, die sich in unterschiedliche Richtungen gleichzeitig bewegen konnten, viel zu nervös und drehten sich auffallend oft in den Himmel, als ob hier am Strand jederzeit ein riesiger Flugsaurier vorbei gesegelt kommen könnte.

Anscheinend bereitete dem Chamäleon auch seine Tarnung massive Probleme. Zwar hatten sich seine Füße erfolgreich in die Farbe des Sandes getönt, hingegen schaffte es der restliche Körper nicht, die ihn umgebene Morgenröte anzunehmen. Mal nahm die gesamte Schuppenhaut einen roten Grundton an, warf eine rosige Scheckung unterhalb des Bauches und dazu orange Punkte am Rücken, oder sie verfärbte sich komplett in einen pinken Schimmer mit hellblauen Sprenkeln. Das Chamäleon wechselte alle möglichen Farbkombinationen und Muster, blieb jedoch mit dem Himmel uneins.

Ich beobachtete das Chamäleon eine Weile. Es schien überhaupt nicht gefährlich zu sein, im Gegenteil, ich erkannte, dass es ihm nicht gut ging. Es war krank und ich überlegte, wie ich ihm helfen könnte.

In dem Moment drehte das Chamäleon seinen Kopf zu mir, heftete verdattert seine beiden Augen auf mich und erwischte meinen besorgten Dackelblick in flagranti! Da lächelte mich das Chamäleon aus ganzem Herzen an und sein Körper bekam endlich dieselbe Färbung des Himmels!

Als das Chamäleon schließlich seines Weges weiterzog, hatte ich einen Frieden, wie ich ihn noch nie zuvor während meiner gesamten Reise mit Tante jemals erlebt hatte und schlief wieder ein.

58. Soultrain nach Hause

»Raffi, ich muss dir leider sagen, dass wir fast pleite sind. Und deswegen fahren wir heute wieder zurück nach Hause.«

Echt jetzt? Das sollte das finale Ende unseres Roadtrips sein? Irgendwie hatte ich da mehr erwartet. Keine grandiose Pyrotechnik oder so, doch zumindest eine kleine freundschaftliche Geste, die unsere gemeinsame Reise abgerundet hätte! Enttäuscht sah ich Tante dabei zu, wie sie unsere Sachen am Strand zusammensuchte und routiniert in dem alten Kahn verstaute.

Ich hatte Tante während unseres monatelangen Roadtrips wirklich lieb gewonnen und glaubte an eine Freundschaft, die während der Reise sogar gereift war, aber nach dieser kargen Abschiedsnummer ist mir klar geworden, dass die Frau keinerlei Gefühle für mich hegte. In ihren Augen war ich nichts weiter als ein blöder Hund! Ursprünglich hatte Tante es auch gar nicht vorgehabt, mich zu dem Roadtrip mitzunehmen, und ich bin für sie wohl nur ein Klotz am Bein gewesen.

Das alles kränkte mich. Ich hatte unsere Zweisamkeit so dermaßen blauäugig interpretiert, dass ich mich während der zweitägigen Rückfahrt nach Friesland vor lauter Gram hinten im Bulli unter der Bettdecke versteckte. Als Tante sich bei der Übernachtung auf die Matratze begab, wechselte ich sofort nach vorne auf den Beifahrersitz.

»Nun sei doch nicht beleidigt, Raffi. Ich wäre ja auch gerne länger in Italien geblieben, aber meine gesamten Ersparnisse sind aufgebraucht!«

Boar. Da meinte die Frau zu allem Überfluss, dass ich ihr auf der Tasche gelegen hätte!

Nach einer gefühlten Ewigkeit fuhren wir durch Niedersachsen. Hier hatte meine Wut ihren Siedepunkt erreicht. Wie von Sinnen packte ich Tantes Bettdecke und brach ihr mehrmals das Genick, bis ich aus Versehen ein mächtiges Loch in den Oberstoff gerissen hatte. Daunenfedern quollen aus der Decke heraus und verteilten sich im gesamten Laderaum. Jedes Mal, wenn Tante nun hart abbremste, schlugen die Federn eine bauschige Welle. Ich stand wirklich bis zum Hals in einem emotionalen Chaos!

Nachdem Tante schließlich von der Autobahn abgefahren war und unser Tempo drosselte, stellte ich fest, dass die Luft definitiv nicht nach Friesland schnupperte! Neugierig sprang ich auf die Seemannskiste und spähte raus. An den Autokennzeichen las ich ab, dass wir in Bremen sein mussten. Allerdings waren wir diesmal in einem Viertel aufgelaufen, das wir bei unserem ersten Törn durch die Stadt noch nicht erkundet hatten.

Die meisten Seitenstraßen waren mit alten zweistöckigen Häusern gesäumt, dessen Bauherren sich bei der Erschaffung aller Fassaden am Stil des Klassizismus, Historismus oder Jugendstil orientiert hatten. Und an manchen Häuserfronten waren verglaste Wintergärten angebaut, was noch vornehmer aussah.

Umso erstaunlicher war es, dass die aktuellen Bewohnenden ihr sogenanntes »Viddel« mit einem recht lockeren Lebensstil füllten. Studentenkneipen, hippe Cocktailbars, eine kleine Rotlichtecke, mehrere Theater, Secondhandläden, Ökowochenmärkte und jede Menge internationale Restaurants bespickten diesen Stadtteil Bremens. Es duftete nach Döner, indischem Curry oder Schweinebraten. Alles in allem erschien mir das Viddel eine recht pikante Mischung zu sein! Ich hoffte ganz zaghaft, dass Tante mich hier zu einem leckeren Abschiedsessen ausführen wollte, aber stattdessen parkten wir vor einem Tattoo Studio!

Tante drückte einem Mitarbeiter ein Blatt Papier in die Hand und legte sich auf eine spezielle Liege. Nachdem der Mann Tantes Haut gründlich desinfiziert hatte, schaltete er ein summendes Gerät ein und bearbeitete sie mit unzähligen kleinen Nadelstichen. Ich konnte gar nicht hinsehen! Eine Stunde später war der Typ mit seiner Arbeit fertig und fragte Tante, wie ihr das Tattoo gefalle. Sie setzte sich auf und schien vollkommen entzückt.

Und dann sah ich es. Postwendend fiel mir die Kinnlade runter! Auf Tantes linker Fußaußenseite, kurz unterhalb des Knöchels, lief ein winziger Dackel! Seine Nase war nach vorne gerichtet, die Pfoten berührten den Boden und seine Leine verlief hoch zu Tantes schlanker Fessel – umfasste diese wie ein Fußkettchen.

Die Bedeutung des Tattoos erschloss sich mir sofort. Der kleine Dackel würde Tante bis zu ihrem Lebensende begleiten und niemals von der Seite weichen! Und er würde sie immerfort an unseren gemeinsamen Roadtrip erinnern.

Offensichtlich hatte Tante meine Anwesenheit viel mehr wertgeschätzt, als ich es jemals für möglich gehalten hatte! Und obendrein bescherte die Frau unserer gemeinsamen Reise doch noch ein würdevolles Ende. Alle meine vorherigen Gefühlswogen verwandelten sich zu einer einzigen Rührung, und ein Strudel der Versöhnung erfasste mich. Ich musste mich voll zusammenreißen, um nicht loszuheulen! Was mir als gestandener und norddeutscher Rüde selbstverständlich auch gelang.

Nachdem Tante notgedrungen ein paar Flipflops angezogen hatte und sie zurück zum VW-Bus schlappte, musste ich immer wieder auf das Tattoo starren, das unter einer durchsichtigen Folie neben mir herlief. Tantes Eltern würden das Tattoo wahrscheinlich nicht so prickelnd finden, aber bestimmt mehr als erleichtert sein, ihre Tochter wohlbehalten wieder in die Arme schließen zu können, noch dazu in einer weitaus besseren Verfassung als zu Beginn unserer Reise. Ich überlegte krampfhaft, was für Tante eigentlich der größte therapeutische Einfluss während unseres Roadtrips gewesen sein mochte, doch musste ich mir eingestehen, dass ich den entscheidenden Hinweis übersehen hatte.

Ein letztes Mal scherten wir mit dem VW-Bus auf eine Autobahn ein. Noch etwa zwei Stunden, dann wären wir wieder zu Hause. Tante machte feierlich laute Discomusik der 70er-Jahre an. Das waren ja mal ganz neue Töne! Anscheinend waren die abgründigen und jammernden Klänge des psychedelischen Rocks bei Tante nicht mehr angesagt.

Begeistert fing die Discokugel an sich zu drehen und jagte Sterne durch den Bulli. Und nachdem Tante ihr

Fenster herunterkurbelte, begannen die weißen Daunenfedern sich hinten auf der Ladefläche zu erheben und ebenfalls durch die Luft zu tanzen. Der gesamte Laderaum des VW-Busses mauserte sich optisch zu einer coolen Schaumparty!

Ich ließ mich nicht lange bitten, sprang durch den fluffigen Schaum und pulschte ihn immer wieder auf, bis sich ein paar Federn lustig in meinen Wimpern verfangen hatten. Einmal hechtete ich galant von der Seemannskiste runter, was einen Riesenwirbel um mich herum veranstaltete. Ich war wieder allerbester Laune und fühlte mich zudem wie ein Discokönig!

Tante bemerkte die Schaumparty schließlich in ihrem Rückspiegel. Anstatt mich zurechtzuweisen, lachte sie und machte gleich bei meiner Party mit.

»OK, Ladys und Gentlemen auf dem Dancefloor, jetzt lege ich einen Song für eine ganz besondere Person auf!«, sprach sie in ein imaginäres Mikrofon.

Tante wählte auf ihrem Smartphone den Song »Sunny« von Boney M. und fing an, ihn theatralisch laut mitzusingen. Sie schmetterte die Textzeilen und amüsierte sich bei jeder Strophe, bis sich allmählich ein Hebel in ihr umlegte. Ihre Stimme wurde ganz dünn. Als ich hörte, dass sich ein dicker Kloß in ihrem Hals bildete und sie gar nicht mehr weitersingen konnte, hielt ich mit meiner Hopserei durch den Schaum abrupt inne und guckte Tante verwundert an.

Das also war ich für Tante! Ein Gefährte, der sie während ihrer schweren Zeit zusammengehalten hatte. Genau davon handelte nämlich dieser Song. Bis ins allerletzte Detail sprach er Tantes Gefühle für mich aus. Gefühle, die ihren Schmerz heilsam überlagert hatten. Ohne es zu wissen, hatte ich Tante während unseres Roadtrips eine

Brücke gebaut, auf der sie wieder in ihr Leben hatte zurückfinden können. Und diese Brücke war ich selbst.

Ich glaube, dass ihr diese glückliche Fügung erst beim Singen des Songs so richtig bewusst wurde. Und mir auch. Sofort kletterte ich nach vorne auf Tantes Schoß und presste mich an ihr Herz. Zwei Groschen waren vom norddeutschen Himmel gefallen, und Tränen über Tränen rollten bis an den friesischen Deich.

Reich beschenkt schließe ich nun mein Logbuch. Es ist prall gefüllt mit Streifzügen durch Europa, den Höhen und Tiefen unserer Reise und vielen besonderen Augenblicken.

Jetzt, wo ich meine letzten Zeilen ins Logbuch notiere, wird mir bewusst, dass das Schreiben mir eine Welt eröffnet hat, die ich keinesfalls mehr missen möchte. Und ich schätze, dass das nicht die einzige Nachwirkung ist, die dieser verrückte Roadtrip noch haben wird. In diesem Sinne ... Schiff ahoi!

EPILOG

Ey, Du Weltenbummlerin!

Mir ist echt ein Stein vom Herzen gefallen, als Du mir geschrieben hast, dass es Dir gut geht und Du gestern wieder zu Hause angekommen bist. In Amsterdam wirktest Du so ausweichend, irgendwie fahrig und manchmal standest Du regelrecht neben Dir. Ausgerechnet in diesem labilen Zustand wolltest Du mit einem alten, klapprigen VW-Bus durch Europa cruisen! Zudem hattest Du den verwöhnten Dackel Deines Vaters an Bord!! Aber anscheinend hat alles ganz wunderbar geklappt. Du und Raffi, Ihr wart schon ein komisches Gespann. Sag mal, weißt Du eigentlich, dass mein Joost seit Eurem Besuch angefangen hat, sich auf Dackelbilder zu spezialisieren? Von morgens bis abends malt er nichts anderes mehr! Raffi ist sozusagen des Künstlers Muse geworden. Joost ist vollkommen davon überzeugt, Dein Dackel habe mit ihm kommuniziert und ihm dabei ein Bewusstsein gezeigt, das dem der Menschen ähnlich sei. Das würde ihn faszinieren. Was für ein Quatsch! Ich habe ihm nun verboten, jemals wieder zu kiffen.

    Finde ich gut, dass Du Dir eine kleine Wohnung in Bremen mieten willst. Schade ist nur, dass Du Rafael bei seinem Herrchen in Friesland lassen musst. Du wirst Dich bestimmt einsam fühlen, so ganz ohne Raffi ...

Ik knuffel je!!!
Deine Enie

Mein liebes Kind,

Es freut mich, dass Du nun auch einen Job in der Hansestadt gefunden hast. Du verkaufst Schnittblumen auf einem Wochenmarkt und bindest für Deine Kunden auf Wunsch kreative Sträuße. Ich kann mir zwar nicht vorstellen, dass Du diese Arbeit bis zu Deinem Lebensende machen wirst, aber momentan ist sie wie für Dich geschaffen. Schon auf dem Hippiemarkt, wo wir uns das erste Mal begegnet sind, hattest Du Dahlien in Deine Lockenmähne gesteckt und sahst aus wie ein echtes Blumenkind.

Weißt Du, in dem Augenblick hast Du mich an mich selbst erinnert, als ich noch jung gewesen bin. Wie du weißt, kam ich mit der Hippiebewegung nach Ibiza. Ich war voller Träume. Mich im Leben verwirklichen wollte ich; freie Liebe und Spiritualität. Leider habe ich dabei Erfahrungen gemacht, an denen ich fast zerbrochen wäre. Ich vermute, dass Du in Marokko etwas Ähnliches erlebt hast.

Wichtig für Dich ist, dass Du endlich Frieden mit Deinem Schicksal geschlossen hast. Und mit einem Trauma oder überhaupt mit psychischen Problemen leben zu müssen, ist nicht das Ende, sondern bloß eine Veränderung. Richte Dein Leben neu aus, wenn es sein muss mehrmals. Setze Dein Segel so oft wie es nötig ist, aber gib niemals auf, denn irgendwann wird aus dem Wind von vorne auch wieder Rückenwind. Und reduziere Dein Glück nicht auf ferne Lebensziele, sondern erfahre es täglich, indem Du einen für Dich stimmigen Alltag zelebrierst. Fröhlichkeit, gutes Essen, ein schöner Sonnenuntergang. Und wenn Du belastende Sorgen hast, die über den aktuellen Tag hinausgehen, wirf sie einfach über Bord ... Ach ja, was ich Dich noch fragen wollte: Hat eigentlich schon jemand Deine Flaschenpost gefunden?

Herzlichst
Deine Layla

ACH, MARLENE!

Das letzte Foto von dir hat mich ganz sentimental gemacht und mich dazu bewogen, dir diesen Brief zu schreiben. Dabei kommt es mir so vor, als sei es erst gestern gewesen, dass du und Rafael in mein Leben getreten seid. Weißt du noch? Damals am Fjord? Du hast zu der Zeit deine Europareise gemacht, lebtest wie ein Hippie im VW-Bus und warst ständig auf der Flucht vor deinem Trauma, immer auf Achse. Ich habe dich trotzdem in mein Herz geschlossen und hatte nach deiner Abreise Liebeskummer ohne Ende.

Ich erhielt nach unserer Trennung am Flughafen in Stockholm regelmäßig Nachrichten von dir auf meinem Smartphone. Du hast mir geschrieben, wie sehr ich dir fehle und du mich vermissen würdest. Ich habe dir nie geantwortet, weil ich dachte, das würde uns beiden nur unnötig wehtun, aber ein paar Tage nachdem dein Roadtrip endgültig vorbei war, hast du mir gesimst, dass ich sofort nach Deutschland kommen soll. Es ginge dir besser und du müsstest mich unbedingt sehen. Mit einem allerletzten Anflug von Hoffnung, dass es vielleicht doch noch mit uns weitergehen könnte, nahm ich die nächste Maschine nach Deutschland.

Vollkommen überrascht warst du, als ich vor der Haustür deiner Eltern stand und hast meine Einladung energisch abgestritten. Wir haben uns richtig lange in die Wolle gekriegt! Als ich dir zum Beweis deine eigenen Nachrichten schwarz auf weiss zeigen wollte, war mein Smartphone auf wundersame Weise vom Sofa verschwunden. Und Rafael auch. Später kam er wieder zu uns und hatte Erde an den Pfoten. Bis heute habe ich den Verdacht, dass es da einen Zusammenhang geben könnte, aber das Verschwinden von meinem Handy bleibt vermutlich ein Rätsel.

Anders als die Sache mit deinem Trauma. Eine Woche nach meinem Besuch in Friesland hast du mich mitten in der Nacht in

Norwegen angerufen und mir das schreckliche Erlebnis aus Marokko erzählt. Den ganzen nächsten Tag konnte ich mit niemandem ein Wort wechseln, so hat mich deine Geschichte erschüttert.

Ich begriff, warum dir der Roadtrip wichtig gewesen war. Er hat dein Überleben gesichert. Als mir die Reichweite deiner seelischen Verletzung bewusst wurde, auch das Ausmass auf dein zukünftiges Leben, wurde ich unendlich traurig. Ich kenne dich jetzt fast zwei Jahre und finde, dass du mittlerweile wieder gut zurechtkommst und auch ausgeglichener geworden bist, doch es fällt dir noch immer schwer, Menschen nahe an dich heranzulassen und ihnen zu vertrauen, geschweige denn eine feste Beziehung mit mir einzugehen.

Nachdem du mir heute das besagte Foto gemailt hast, zog sich mein Herz vor Glück und Schmerz gleichzeitig zusammen. Du hattest dir nach deinem Umzug nach Bremen einen eigenen Dackel geholt, weil du es nicht länger ertragen konntest, einen Alltag ohne zu fristen, und bei der ganzen Aufregung hast du es verschwitzt, in dem Tierheim nachzufragen, ob die Dackeldame überhaupt sterilisiert sei. Natürlich begegnete die hübsche Smilla bei euren Familientreffen auch Raffi – zwischen den beiden war es ohnehin Liebe auf den ersten Blick, und so nahm die Geschichte ihren Lauf. Auf dem Foto kann man gut erkennen, dass die winzigen Racker dem Vater wie aus dem Gesicht geschnitten sind. So viele Raffis! Die Schlappohren sind noch ganz klein! Und man sieht auch, wie losgelöst du lachst. Hast einen Berg niedlicher Welpen auf deinem Schoss.

Seit ich dieses Bild habe, freue ich mich noch mehr auf das Wochenende bei euch! Wirklich zu blöde, dass der Wetterbericht für Norddeutschland nur Regen vorausgesagt hat.

Dein bester Freund und Lieblingswikinger
Haakon

Hey, Marlene!

Nun ist es schon drei Jahre her, dass Du mit Raffi bei uns im Garten gecampt hast, und wir wollten Dir mitteilen, dass dein angelegtes Beet zu einer Augenweide herangewachsen ist. Die Lupinen säen sich jedes Jahr selbst aus und blühen in allen möglichen Farben. Und von den Johannisbeeren kann ich eimerweise ernten. Aber der Flieder ist geradezu explodiert! Nicht nur, dass er das Mehrfache seines Volumens angenommen hat, er sitzt auch jedes Jahr steif voll mit weißen Blütenrispen. Die duften so betörend, dass sämtliche Schmetterlinge von Langeland von ihm angezogen werden! Am meisten wird der Flieder von kleinen Bläulingen, Zitronenfaltern und Pfauenaugen umschwärmt. Wenn sie sich auf die Rispen setzen, klappen sie alle ihre Flügel so hübsch auf und zu. Und immer wenn ich Johannisbeeren pflücke, fliegen alle Schmetterlinge vor Schreck hoch. Das sieht aus, als stünde ich in einer flatternden bunten Wolke.

Wir hoffen, dass es Dir gut geht und senden Dir hyggelige Grüße!

B. & N. Pedersen

New Yorker Daily Dog

Am Freitag fand ein Mensch eine Flaschenpost mit sensationellem Inhalt! Das noch immer gut lesbare Stück Papier ist knapp über achtzig Jahre alt und stammt von der legendären Marlene Ødegaard – bekannt für ihre unkonventionellen Methoden, Dackelzucht zu betreiben. Aus allerhöchstem Respekt sieht die Redaktion jedoch davon ab, ihre persönlichen Zeilen preiszugeben, zumindest aber sei erwähnt, dass diese ihre damalige Europareise mit dem Autor Rafael vom Jadethal belegen, welcher die betreffenden Reiseaufzeichnungen einige Jahre später unter einem Künstlernamen veröffentlichte und Weltruhm erlangte. »Logbuch eines Dackels« gilt heute als ein Meilenstein in der Geschichte. Leider haben weder Rafael vom Jadethal noch Marlene Ødegaard das freundschaftliche Abkommen zwischen Menschen und Dackeln noch zu ihren Lebzeiten miterleben können, die Nachfahren jeweils beider hingegen schon. Ihnen wurde die Flaschenpost unlängst überreicht. Aus Rücksicht baten wir sie erst heute um ein Interview, woraufhin man uns mitteilte, dass sie allesamt in einem Konvoi aus VW-Bussen zu einem Revival-Trip von »Logbuch eines Dackels« aufgebrochen seien. Als Grund dieser Reise gaben sie an, einfach nur das Leben feiern zu wollen.

Danksagung

Ein besonderer Dank gilt Robin Bertram, André Nourbakhsch, Carola Bintakies, Jörg Schöner, Nasti und Benni, sowie Katharina Hopp und dem gesamten KellnerVerlag. Ich bedauere es sehr, dass wir uns nie von Angesicht zu Angesicht kennengelernt haben.